어바웃
스타
워즈

어바웃 스타워즈

ABOUT STAR WARS

가와하라 가즈히사(河原一久) 지음 | 권윤경 옮김

HU:iNE

한국어판 서문

이 책이 일본에서 출판된 것은 지금부터 2년 전, 10년 만에 스타워즈 최신작 <스타워즈 에피소드7: 깨어난 포스>의 개봉에 맞춘 것이었습니다. 그러나 이 책은 스타워즈 최신 개봉작에 대해 쓴 것이 아니라, 50년 후 스타워즈에 대해 알고 싶어 할 독자들을 대상으로 쓴 책입니다. 그것은 스타워즈라는 작품이 시대를 뛰어넘어 사람들로부터 사랑받아온 작품이기 때문입니다. 스타워즈 시리즈는 영화사에서도 독특한 존재이고, 그렇기 때문에 이 책 역시 시대를 견딜 수 있는 읽을거리가 되어야한다고 생각했던 것입니다. 이번 한국어판 역시 마침 최신작 <스타워즈 에피소드8: 라스트 제다이> 개봉과 타이밍이 겹친 만큼 한국의 독자 여러분께 이 책이 <라스트 제다이>에 대한 내용만을 다룬 일시적인 읽을거리가 아님을 알려두고 싶습니다.

21세기가 된 지금도 세계에서는 정치적 대립이 계속되고 있습니다. 그것은 많은 경우 각 나라의 정치가들이 자국의 이익을 지키기 위한 것입니다만, 동시에 여러 나라의 다양한 콘텐츠가 문화적으로 융합되는 계기가 되고 있기도 합니다. 옛날 동독 대중이 베를린 장벽을 넘어온 서독의 TV 방송 전파를 통해 서독에 대해 알게 되었고, 통일 독일의 밑바탕이 되어 갔다는 것을 아직 기억합니다. 일본에서도 한류 붐으로 많은 일본인이 한국의 문화와 역사를 가깝게 느끼게 되었는데, 이 역시 콘텐츠가 가져다 준 큰 변화라고 할 수 있습니다. 일본에서 한류가 붐을 일으켰던 2002년, 서울을 방문할 기회가 있었습니다. 짧은 기간이었지만 만족스러운 시간을 보냈던 기억이 지금도 추억으로 남아있습니다. 한국에 도착했던 밤, 호텔에서 TV를 틀자 마침 <스타워즈 에피소드6: 제다이의 귀환>이 나왔던 것은 정말 생각지도 못한 우연이었죠. 익숙한 작품이 한국어로 더빙되어 방송되는 것을 보고, 한국어를 더욱 가깝게 느끼게 되었습니다.

이야기가 조금 옆으로 샜군요. 이처럼 시각과 청각이라는 감각을 통해 오락이라는 형태로 전 세계 사람들에게 많은 정보를 제공하는 영화는 다른 나라의 문화를 이해하도록 돕는 도구이기도 합니다. 그 중에서도 스타워즈 시리즈가 특별한 것은 국경을 넘어 보편적으로 인기를 얻어왔다는 점이겠지요. 스타워즈의 오리지널 3부작이 개봉되었을 무렵, 세계는 아직 냉전 중이었습니다. 전 세계에서 크게 흥행한 스타워즈라고 하더라도 할리우드에서 제작된 작품이었으니 소련에서는 개봉조차 되지 못했습니다. 당시 소련 사람들 중 서방 국가를 방문할 기회가 있었던 사람들은 정치가와 외교관 같은 요인들 그리고 이름난 예술가와 스포츠 선수 같이 한정된 사람들뿐이었습니다. 그들이 서방 국가를 갔다 올 때 친지들을 위한 선물 속에 숨겨져 있었던 것은 할리우드 영화 비디오테이프였다고 합니다. 특히 스타워즈 3부작은 소련에서 볼 수 없었던 환상의 작품이었고, 그 때문에 서방에서 귀국한 소련사람들 사이에서 비밀스럽게 비디오 상영회가 열릴 정도였다고 합니다. 그리고 사람들은 단순하면서도 재미있는 이 작품에 매료되었고 입소문을 타고 암시장에서도 인기를 얻었습니다. 이윽고 스타워즈 비디오를 사용해서 해적 방송까지 이뤄졌는데, 영화를 5분씩 끊어서 연속활극 형태로 방송했고 이 역시 큰 인기를 모았다고 합니다. 90년대가 되어 정식으로 오리지널 3부작이 개봉되자, 스타워즈는 대중에게 맹렬하게 침투해 나갔습니다. 실은 이것이야말로 영화라는 매체가 갖는 힘이자 가능성이기도 합니다.

스타워즈라는 영화가 세상에 나온 지도 40년이 됩니다. 스타워즈 시리즈는 현재 디즈니에서 계속 신작이 제작되고 있습니다. <스타워즈 에피소드7: 깨어난 포스>에 이어 <로그 원: 스타워즈 스토리>로 디즈니 시대의 새로운 스타워즈 작품이 흥행에 성공하였고, 이번에 개봉할 <스타워즈 에피소드8: 라스트 제다이>도 틀림없이 성공하겠지요. 앞으로도 매년 스타워즈 시리즈 신작이 개봉될 예정이기도 합니다.

지금까지의 결과를 보면 디즈니 시대의 스타워즈도 상업적으로 성공했다고 생각할 수 있습니다. 그렇다면 작품으로서의 성공은 어떨까요? 책 속에서도 언급했지만, 스타워즈 시리즈는 신작이 개봉될 때마다 매번 당시 팬들의 찬반양론에 부딪혔습니다. 과연 현재 진행형인 새로운 시리즈는 시대를 뛰어넘어 평가 받을 수 있을까요. 이에 대해 전망할 때 이 책이 참고가 된다면 저자로서 크게 기쁠 것입니다.

그러나 스타워즈가 낳은 최대의 자산은 '작품을 통한 사람들의 유대감'이라고 생각합니다. 저 역시 이 책을 계기로 한국과 새로운 인연을 맺게 되었고요. 그러니 이 책을 통해 사람들 사이의 연결이 더욱 확대되어 간다면 이를 뛰어넘는 기쁨은 없겠지요.

2017년 12월
가와하라 가즈히사

들어가는 말

영화 <스타워즈>는 수많은 다른 영화들과 결정적으로 다른 점이 하나 있다.

그것은 다른 영화들이 개봉과 동시에 시간의 경과와 함께 과거의 영화가 되어 가는 데 반해, 스타워즈는 항상 계속해서 현대의 영화로 남아있다는 점이다. 오래된 팬의 비판 섞인 목소리도 들려오지만, 스타워즈는 재개봉과 비디오 출시라는 기회를 얻을 때마다 조금씩 본편을 손봐서 어느 시대라도 최첨단의 영화로써 관객들을 매료시켜 왔다. 그러니까 스타워즈는 항상 '현재진행형'인 영화이며, 사그라다 파밀리아처럼 오랜 세월을 거쳐 조금씩 형태를 갖춰 온 매우 특수한 영화이다.

이런 것들이 가능했던 것은 스타워즈가 첫 개봉작을 제외하고 대부분이 루카스 필름에 의해 '독립 제작'이라는 형태로 제작되어왔기 때문이다. 단순히 특수 시각 효과를 수정할 뿐이라면 다른 영화들도 할 수 있는 일이다. <오즈의 마법사>와 <금지된 행성> 같은 고전 명작에 최신 VFX(특수 시각 효과)를 적용시킬 수도 있다. 하지만 아무리 가능하다고 해서 그것을 실행에 옮긴 스튜디오는 존재하지 않는다. 왜냐면 영화의 일부분만을 최신의 것으로 바꾸어 넣는다고 하더라도 영화 전체의 영상에 정합성을 유지하기란 매우 어렵기 때문이다.

그렇다면 왜 스타워즈는 그것이 가능할까? 물론 앞서 언급했듯이 독립 제작이었다는 요인도 있지만, 무엇보다 중요한 것은 '스타워즈 사가(Star Wars SAGA)'라는 작품 군 전체가 세월의 시련에 견딜 수 있는 보편성을 가지도록 영상 설계 되어있다는 점을 들 수 있을 것이다. 1970년대에 유행한 최첨단 영상표현으로서 획기적인 VFX가 도입되었기는 하지만, 영화로서의 근본은 항상 '영화의 왕도'를 걷는 영화들이 가지고 있는 문법에 의해 지탱되어 있다. 그것이야말로 이 작품이 가진 보편적인 재미의 비밀일 것이다.

"이 얼마나 재미있는가!"

1978년 여름, 요코하마의 영화관에서 처음으로 스타워즈를 봤을 때, 나는 압도적인 재미와 충격으로 영화가 끝난 후에도 자리에서 일어설 수 없었다. 다행히도 당시에는 그대로 자리에 앉아 있으면 다음 회차 상영도 볼 수 있었으니 주저 없이 두 번째를 즐겼다. 이후 스타워즈뿐 아니라 여러 영화에 매료되었던 나는 언제부터인가 생업으로 영상관련 직업에 종사하게 되었고 언젠가 스스로도 영화를 만들고 싶다고 생각해왔다.

그 후 연이 닿아 에피소드1으로 시작되는 3부작의 프로모션을 돕게 되고, 자막 감수, 잡지 연재, 스타워즈 셀레브레이션 재팬의 감수와 일부 연출 등 자세히 공표할 수 없는 일도 많지만, 아무튼 스타워즈가 '문화'로 변모해 가는 모습을 극히 가까이에서 볼 수 있었다. 그래도 처음 스타워즈를 보았을 때부터 느끼고 있던, 하나의 '의문'은 아직까지 풀리지 않은 채로 남아있다.

"스타워즈는 왜 재미있을까?"

잘 알려져 있듯 스타워즈에는 수많은 캐릭터와 메카닉이 등장하고, 그 굿즈의 판매량도 막대하다. 하지만 나 자신은 컬렉터도 아니고 굿즈에도 흥미가 없다. 특정 캐릭터의 팬도 아니고. 여하튼 영화로서 이 작품을 좋아하고 재미있다고 생각한다.

하지만 "왜 재미있을까?"는 정말로 풀리지 않는 물음이다. 많은 학자들은 '신화가 가지는 보편적 테마를 내포하고 있다.'라는 점에서 답을 구하고 있지만, 이 책에도 언급했듯 그것이 모든 것을 해명해준다고는 생각할 수 없다.

또 스타워즈에 관한 서적은 무수히 출반되어 있어서 "이렇게나 재미있다!"라는 증언은 읽을 수 있지만 '왜'라는 문제를 파헤친 것은 거의 찾아볼 수 없다. 나 역시 전문 영상 관계자로서 30초짜리부터 3시간에 이르기까지 수천 개의 영상을 제작해왔지만 '왜'라는 질문은 재미있는 것을 만들려고 할 때 항상 나를 따라다닌다.

그러던 중 루카스 필름이 디즈니에게 매수되었고, J.J. 에이브럼스 감독에 의해 2015년 12월에 7번째 작품인 <깨어난 포스>가 개봉하였다. 2005년의 <에피소드3: 시스에 복수>가 마지막이라 생각하고 있었던 내게 이 뉴스는 청천벽력이었다. 그리고 그 '왜'라는 물음이 또다시 대두되었던 것이다.

일본에서 처음으로 개봉된 지 37년. 당시 13세였던 나도 올해로 50세다. 그때의 내가 안다면 아마 질려하지 않을까. "50살이나 돼서 아직도 스타워즈 보고 있어?!" 아마 스타워즈에 그다지 관심이 없는 사람들도 팬들을 향해서 같은 인상을 가지고 있지 않을까. 그리고 나 같은 팬들도 왜 계속 스타워즈를 볼 수밖에 없는지 그 이유를 그럴듯하게 설명하기는 어려울 것이다.

다행인지 불행인지, 나는 이 '왜'라는 물음의 답을 찾아 30년 가까이 계속해서 자문자답해왔다. 이 책은 그러한 의미에서는 나의 스타워즈에 관한 고찰의 집대성이라고도 할 수 있다. (물론 어디까지나 현시점에서라는 단서가 붙지만.)

"스타워즈는 왜 재미있을까?"

이 질문의 답에는 시대를 넘어 성공을 거듭해 올 수 있었던 비즈니스의 비결도 존재할 것이다. 그것이 해명된다면 억만장자가 되겠지만 적어도 그 윤곽이나 힌트를 거머쥘 수 있는 계기라도 될 수 있다면 그 또한 행복이리라.

2015년 10월

가와하라 가즈히사

스타워즈 사가
(Star Wars SAGA)

ABOUT STAR WARS

스타워즈 사가(Star Wars SAGA)

<table>
<tr><th rowspan="4"></th><th colspan="3">오리지널 3부작</th><th></th></tr>
<tr><th>1977</th><th>1980</th><th>1983</th><th>1999</th></tr>
<tr><td>스타워즈
에피소드4:
새로운 희망</td><td>스타워즈
에피소드5:
제국의 역습</td><td>스타워즈
에피소드6:
제다이의 귀환</td><td>스타워즈
에피소드1:
보이지 않는 위험</td></tr>
<tr><td>A New Hope</td><td>The Empire
Strikes Back</td><td>Return of
the Jedi</td><td>The Phantom
Menace</td></tr>
<tr><th>감독</th><td>조지 루카스</td><td>어빈 커슈너</td><td>리처드 마퀀드</td><td>조지 루카스</td></tr>
<tr><th rowspan="2">프로듀서</th><td colspan="2">게리 커츠</td><td>하워드 카자니안</td><td rowspan="2">릭 맥컬럼</td></tr>
<tr><td colspan="3">릭 맥컬럼 (1997년 특별판)</td></tr>
<tr><th>제작 총괄</th><td colspan="4">조지 루카스</td></tr>
<tr><th rowspan="3">각본</th><td colspan="4">조지 루카스</td></tr>
<tr><td></td><td colspan="2">로런스 캐즈던</td><td></td></tr>
<tr><td></td><td>리 브래킷</td><td></td><td></td></tr>
<tr><th>음악</th><td colspan="4">존 윌리엄스</td></tr>
<tr><th>배급</th><td colspan="4">20세기 폭스</td></tr>
</table>

<table>
<tr><th colspan="2">프리퀄 3부작</th><th colspan="3">시퀄 3부작</th></tr>
<tr><th>2002</th><th>2005</th><th>2015</th><th>2017</th><th>예정</th></tr>
<tr><td>스타워즈
에피소드2:
클론의 습격</td><td>스타워즈
에피소드3:
시스의 복수</td><td>스타워즈
에피소드7:
깨어난 포스</td><td>스타워즈
에피소드 8:
라스트 제다이</td><td>스타워즈
에피소드 9:</td></tr>
<tr><td>Attack of
the Clones</td><td>Revenge of
the Sith</td><td>The Force
Awakens</td><td>The Last Jedi</td><td></td></tr>
<tr><td colspan="2">조지 루카스</td><td>J. J. 에이브럼스</td><td>라이언 존슨</td><td>J. J. 에이브럼스</td></tr>
<tr><td colspan="2" rowspan="4">릭 맥컬럼</td><td colspan="3">캐슬린 케네디</td></tr>
<tr><td>J. J. 에이브럼스</td><td>램 버그만</td><td rowspan="3">램 버그만</td></tr>
<tr><td rowspan="2">브라이언 버크</td><td>로런스 캐즈던</td></tr>
<tr><td>사이먼 킨버그</td></tr>
<tr><td colspan="2">조지 루카스</td><td>제이슨 맥게틀린
토미 하퍼</td><td>J. J. 에이브럼스</td><td></td></tr>
<tr><td colspan="2">조지 루카스</td><td>로런스 캐즈던</td><td>라이언 존슨</td><td>J. J. 에이브럼스</td></tr>
<tr><td>조나단 할스</td><td></td><td>J. J. 에이브럼스</td><td></td><td>크리스 테리오</td></tr>
<tr><td></td><td></td><td>마이클 안트</td><td></td><td></td></tr>
<tr><td colspan="5">존 윌리엄스</td></tr>
<tr><td colspan="2">20세기 폭스</td><td colspan="3">월트 디즈니 스튜디오스 모션 픽처스</td></tr>
</table>

목차

제2장 영화 역사와 스타워즈 • 79

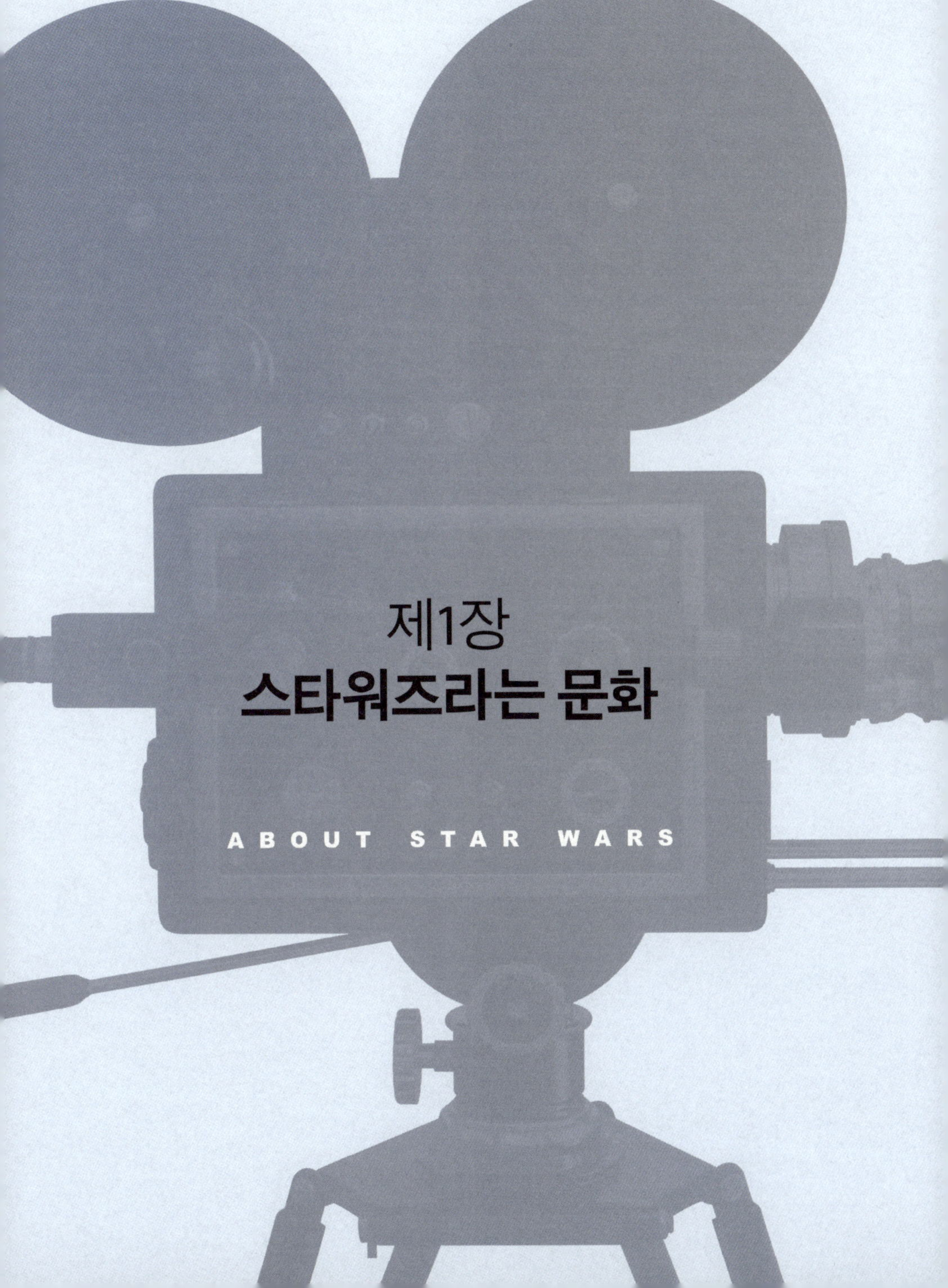

제1장
스타워즈라는 문화

ABOUT STAR WARS

STAR

제1장 스타워즈라는 문화

WARS

설마 했던 매수극

2012년 10월 30일, 전 세계가 충격에 휩싸였다.

미국 월트 디즈니가 루카스 필름을 약 3,200억 엔에 매수한 것이다. 계열회사와 루카스 필름이 소유하고 있는 콘텐츠 등에 대한 모든 권리를 손에 넣고, 게다가 완결되었다고 생각되었던 스타워즈의 신작을 제작하고 2015년에 개봉할 것이라 발표했던 것이다.

3,200억 엔이라는 금액이 타당한지에 대해서는 매수 당시 여기저기에서 논란이 일었는데, 타당하기는커녕 엄청난 바겐세

일이다. 예를 들어 펩시는 1999년 개봉된 <에피소드1: 보이지 않는 위험>과 그에 이은 에피소드2를 합친 타이업 권리를 약 3000억 엔으로 루카스 필름과 계약했다. 즉 단 한 회사와의 계약금과 그다지 차이나지 않는 금액으로 디즈니는 모든 것을 손에 넣고 말았다.

스타워즈 여섯 개 에피소드만으로도 지금까지 4000억 엔 이상의 흥행 성적을 기록했고, 굿즈 판매액은 2조 엔을 넘었다. 특수 시각 효과 회사인 ILM(Industrial Light and Magic)은 현재도 업계 톱을 달리고 있고, THX 시스템과 스카이워커 사운드는 업계 표준이 되었다. 스타워즈만이 아니다. 디즈니가 산 것 중에는 <인디아나 존스> 시리즈의 권리도 포함되어 있다. 그 때문에 현재 디즈니에서는 스타워즈의 새로운 시리즈가 궤도에 오를 무렵을 계산해서 인디아나 존스의 재개봉(혹은 리부트)을 계획하고 있다고 한다.

이 정도로 대규모의 매수극이었으니 일본에서도 이 뉴스를 대대적으로 전했다. NHK를 필두로 한 모든 주요 방송국의 뉴스·정보 프로그램에서도 이에 대해 다뤘고, 디즈니 재팬에는 문의 전화가 끊이지 않았다고 한다. 일설에는 "뭐든 좋으니까 방송에서 사용할 스타워즈 영상이나 사진 같은 것 좀 빌려줘!"라고 했다던가. 이전 작품의 사진과 영상을 빌리려면 당시에는 20

세기 폭스에 문의하는 것이 일반적이었지만, 어쨌든 모두가 당황해서 허둥거리고 있었다. 이런 일화에서 당시의 혼란상을 엿볼 수 있다.

10억 명이 체험한 영화

2015년 말에 공개된 작품 <깨어난 포스>에는 마크 해밀, 캐리 피셔, 그리고 해리슨 포드 등 첫 3부작에서 주연을 맡았던 세 명이 모두 같은 배역으로 출연한다. 또 <제국의 역습>(1980)과 <제다이의 귀환>(1983)에서 각본을 담당했던 로런스 캐즈던도 시리즈에 복귀했다. 게다가 모든 작품의 음악을 담당했던 존 윌리엄스가 이 작품의 음악 역시 담당했으며, 마찬가지로 모든 작품의 포스터를 맡았던 화가 드류 스트루잔도 은퇴를 철회하고 포스터를 담당하기로 했다.

팬들은 그야말로 너무 기뻐서 춤이라도 추고 싶었다. 전 세계의 기대도 눈덩이처럼 커져만 갔다. 현재 지구상에는 약 10억 명이나 되는 사람들이 스타워즈를 관람한 적이 있다고 한다. 2015년 4월 16일에 발표된 <깨어난 포스>의 예고편 제2탄은 전 세계의 팬을 열광시켰고 단지 그것만으로도 디즈니의 주가는 약 2400억 엔까지 상승했다고 한다. 이 예고편은 '24시간 만에 가장 많이 시청된 영화 예고편'으로 기네스에 올랐다. 1977년 첫 편이 개봉되었을 때, 그것은 세계적인 현상이었다. 시리즈가 진행됨에 따라 이윽고 문화로 발전했다.

디즈니 산하에서 스타워즈는 앞으로 어떻게 발전해나갈 것인가. 우리들은 이윽고 그것을 목격하게 된다. 전 세계 약 60억 명의 스타워즈 미경험자들을 위해서, 또 지금까지 스타워즈에 푹 빠진, 다시 말해 농락당해 온 팬들을 위해서도 제1장에서는 스타워즈라는 거대 콘텐츠가 걸어 온 발자취를 되짚어보려고 한다.

모든 것은 1977년에 시작되었다

"아주 먼 옛날 은하계 저편에… (A long time ago in a galaxy far, far away…)" 라는 타이틀 카드와 함께 막을 연 첫 개봉작 <스타워즈>*는 감독·각본을 맡은 조지 루카스가 만들어 낸 영화 오리지널 스토리이다. 제국의 압정에 맞서는 공주가 악당의 앞잡이들에게 잡히고, 전설적인 영웅을 아버지로 가진 농촌 청년이

* 스타워즈 시리즈의 첫 개봉작 <스타워즈>는 1977년 첫 개봉 때는 <스타워즈>라는 타이틀로 개봉되었으나 이후 속편 제작이 결정되면서 <스타워즈 에피소드4: 새로운 희망>으로 에피소드 번호와 서브타이틀이 붙었다. 이 책에서는 첫 개봉작을 가리킬 때는 <>를 쓰고, 스타워즈 시리즈 전체를 나타낼 때는 스타워즈로 표기하려고 한다. 또한 이 책의 모든 각주는 독자의 이해를 돕기 위해 역자가 붙인 것이다.

수많은 모험 끝에 적의 궁극 병기를 파괴하는 데 성공하여 영웅이 되는 이야기이다.

누구나가 공감할 수 있는 청년 루크 스카이워커를 연기한 것은 마크 해밀. 뮤지컬 스타 데비 레이놀즈와 가수 에디 피셔의 딸 캐리 피셔가 굳세고 현대적인 레아 공주를 연기했다. 그리고 빈정거리는 건달로 마치 서부극에서 그대로 뛰어나온 것 같은 한 솔로를 연기한 것은 해리슨 포드이다. 그들 무명 배우들을 명배우들이 뒷받침했다. <아라비아의 로렌스>와 <닥터 지바고>의 명연기로 잘 알려졌으며 <콰이 강의 다리>로 아카데미 남우주연상을 수상한 이른바 '천의 얼굴을 가진 남자' 알렉 기네스가 현자 오비완 케노비를 연기했다. 또 황금시대의 해머 프로덕션이 제작한 호러 영화에서 반 엘싱 교수와 프랑켄슈타인 박사를 연기했던 전설적인 배우 피터 커싱이 모프 타킨 총통으로 등장한다. 그에 더해 온통 검은색으로 덮인 수상한 악당 다스 베이더는 악역임에도 이미 절대적인 인기를 누렸으며, R2-D2와 C-3PO라는 로봇 콤비도 어린이들을 중심으로 열광에 빠트리기에 충분했다.

거대한 우주선, 어지럽게 날아다니는 레이저 광선, 이국적인 혹성, 그리고 전설의 제다이 기사가 사용하는 광선검……. 관객을 비일상의 세계로 끌고 들어가는, 오래되었지만 명쾌한 권선징악 이야기에 전 세계가 열광했다. 1년 늦게 개봉되었던 일본에서도 일 년 가까이 롱런하며 엄청나게 히트했다.

개봉 당시의 소란

하지만 영화업계에서는 개봉 전까지도 이 영화가 대 실패작이 될 것이라며 수군거렸다. 그 때문에 극장 측도 이 영화를 상영하지 않으려고 했고, 베스트셀러 소설을 영화화한 <깊은 밤 깊은 곳에>와 함께 배급되었다. 즉 <깊은 밤 깊은 곳에>를 상영하려면 <스타워즈>도 상영해야한다고 조건을 붙인 것이다. 그 때문에 개봉일인 5월 25일 <스타워즈>를 상영한 극장은 겨우 32곳에 불과했다. 지금은 팬들의 성지가 된 할리우드 차이니즈 시어터도 단기간만 상영 계획을 잡았고, 누구도 보고 싶지 않을 것이 뻔한 <공포의 보수>를 리메이크한 작품을 상영할 뻔했다. 그런 만큼 계약한 상영 기간이 끝나자마자 차이니즈 시어터는 기뻐하며 대대적으로 <스타워즈>를 재개봉했다. 재개봉 첫날에는 다스 베이더, R2-D2, C-3PO를 초대하여, 그 유명한 손도장, 발도장을 남기는 세레모니를 진행하고 뒤처진 것을 만회하려 했다.

아무튼 스타워즈는 당시 세간을 떠들썩하게 했다. 로스앤젤레스 공항에서도 "LA에 온 목적은?" "스타워즈입니다.(웃음)" "Oh! Enjoy!"라고 할 정도로. 누구나 스타워즈 티셔츠를 입었다. 오케스트라가 주축이 된 사운드트랙 앨범은 품절되었고 신디사이저로 연주한 커버 앨범이 날개 돋친 듯 팔렸으며 디스코에서는 이 음악에 맞춰 춤을 출 정도였다. 예상외로 크게 히트하자 장난감은 가게에 들여놓을 것이 없을 정도여서 '내년 봄에 배송'이라는 예약 카드가 판매되었고 이 또한 무섭게 팔려나갔다.

베트남 전쟁과 워터게이트 사건 등 미국 사회에 어두운 그림자를 드리우는 사건이 연이었던 '절망의 시대' 뒤에 개봉된 스타워즈는 돌연 나타난 '새로운 희망'이기도 했다. 전미 흥행 성적은 2억 1500만 달러를 돌파하여 그 해 최대의 히트작이 되었다. 약 1000만 달러라는 결코 윤택하지는 않았던 제작비로 이 결과를 냈다는 것은 경이적이다(the-numbers.com 자료). <스타워즈>는 지금도 전미 영화사상 제2위의 관객동원수를 자랑하고 있으며, 이를 넘은 작품은 <바람과 함께 사라지다>가 유일하다. 다음 해 아카데미상에서는 아쉽게도 작품상과 감독상 등을 놓쳤지만 음악, 편집, 미술, 음향, 의상 디자인 그리고 물론 특수 시각 효과상 등 총 7개 부문에서 수상했다.

스타워즈의 혁명

이 시리즈의 첫 작품 <스타워즈>는 영화 산업에 혁명을 가져다주었다. 대표적인 것은 특수 시각 효과이다. <스타워즈>가 개봉되기 전까지는 영화 스튜디오가 각자 특수 시각 효과를 담당하고 있었는데, 특수 촬영 영화에 대한 수요가 줄어들면서 시각효과 부문의 역할도 축소되어 대부분의 부문이 폐쇄되었던 상황이었다. 조지 루카스는 특수 시각 효과의 세계를 근본적으로 개혁하였고 자신의 비전에 맞춘 영상을 실현해 내기 위해 ILM을 새로이 설립했다. 이것이 후에 SF영화 붐을 일으키게 된다.

또 현재 영화 제작의 표준이 된 '사전 시각화(previsualization)'를 시작한 것도 바로 이 작품이다. 사전 시각화에 대해서는 뒤에서 언급하겠지만 매우 간단히 말하면 자료영상으로 만들어진 '움직이는 그림 콘티'를 말한다. 영화의 클라이맥스에서 적의 거대 우주 요새 데스스타를 공격하는 장면은 어지러울 정도로 컷이 겹겹이 쌓여서 구축되어 있다. 이런 장면을 어떻게 만들면 좋을까, 루카스는 과거 전쟁 영화와 기록영화 장면들을 편집하여 스텝들에게 건넸다. 이에 따라 그들은 필요한 장면의 구조와 길이를 정확하게 알 수 있었고, 시간을 낭비하지 않고 완성할 수 있었다고 한다.

루카스의 기지

첫 영화 제작 때 조지 루카스는 두 가지 과감한 결단을 내린다. 하나는 속편에 대한 권리 확보이며, 또 하나는 머천다이징(굿즈 등의 상품화)에 대한 권리 확보다. 영화가 크게 히트하면서 루카스는 속편으로 얻을 이익의 대부분을 약속받았고, 관련 상품이 날개 돋듯 팔리면서 이 또한 루카스에게 막대한 수입으로 돌아왔다. 이를 보고 사람들은 '루카스의 선견지명'이라든지 '루카스의 탁월한 비즈니스 센스'라고 평하며 칭송했다. 하지만 현재에 이르기까지 루카스가 내렸던 결단은 많은 오해를 받고 있다.

조지 루카스는 <스타워즈>의 각본 집필에 3년을 쏟아 부었고, 그 내용은 한 편의 영화로 만들기는 너무 많은 양으로 불어났다. 그래서 이야기를 세 부분으로 분할하여, 그 중 가장 단순명쾌하고 흥미진진한 에피소드를 첫 편으로 만들었다. 즉, 프리프로덕션 단계에서 이미 '3부작'을 구상했던 것이다. 스타워즈의 창작자로서 루카스는 당연히 이 작품을 영화화하고 싶었고 영화가 히트한다면 속편 제작은 쉽게 허가될 터였다. 하지만 만

약 성공을 거두지 못했거나, 성공했더라도 미미한 수익에 그쳤다면 속편 제작은 불가능할 것이라고 생각했다. 경우에 따라서는 감독·각본 모두 루카스와는 아무런 관계도 없는 사람에게 의뢰해 버릴지도 모른다. 그것이야말로 루카스로서는 절대로 피하고 싶은 사태였다. 그렇기 때문이야말로 전작 <아메리칸 그래피티>(1973, 한국에서는 '청춘낙서'라는 제목으로 개봉)가 큰 성공을 거두고 그에 따라 당초보다 대폭 오른 개런티를 보증 받았음에도 불구하고 그는 액수는 그대로 두고 속편에 대한 권리를 원했던 것이다.

머천다이징 권리에 대해서도 마찬가지였다. 만약 영화가 히트하지 않아도 루카스는 어떻게든 자력으로 속편을 제작하려고 했다. 그 경우 첫 편이 흥행하지 않는다면 적은 수익으로 SF 영화를 만들기에 부족할 것이라 생각했다. 그래서 루카스는 '속편 제작을 위한 자금원'으로 부수입이 될 수 있는 머천다이징에 대한 권리를 고집했다. 자신의 비전을 실현시키기 위해서 주도면밀하게 권리를 확보했다는 점에서 그에게 비즈니스맨으로서의 재능을 발견할 수 있다. 하지만 그 동기는 어디까지나 영화 제작자로서의 장인 기질에 있었다는 것을 간과해서는 안 된다.

속편치고 성공한 작품은 이제껏 없었다

첫 개봉작의 역사적인 흥행에 힘입어 제작된 속편 <제국의 역습>은 관객들에게 큰 기대를 받고 있었지만, 성공을 위태롭게 만들 수 있는 여러 문제들을 안고 있었다. 무엇보다 속편치고 성공작이 없다는 것이 세간의 생각이었다. <엑소시스트2>든 <죠스2>든 크게 흥행한 작품 후에 반드시 제작한다고 할 정도로 제작되었던 속편들은 전작의 완성도를 능가할 정도는 아니었다. 때문에 당시 많은 팬들이 "스타워즈2 따위 필요 없다, 부탁이니 그대로 두길 바란다!"라고 아우성쳤고 나 역시 마찬가지였다. 그러던 중 "어쩌면 좋은 영화가 나올지도……."라고 기대치에 변화를 가져온 것은 프로듀서인 게리 커츠의 발언이었다. "우리들은 평범한 속편이 아니라 <대부II> 같은 영화를 목표로 하고 있다." 조지 루카스의 선배이며 <THX1138>과 <아메리칸 그래피티 PART II>에서 프로듀서를 맡은 프란시스 포드 코폴라의 <대부II>는 사상 유일하게 제1편과 함께 아카데미 작품상을 수상한 영화다. 속편으로서는 영화사상 최고의 작품이었다. 그 때문에 적어도 루카스가 안이한 생각으로 속편을 제작하려는 것이 아니라 질적으로도 훌륭한 속편을 만들려고 하는 것임을 알고 많은 팬들은 조금이나마 안심했다. 그러면서도 조지 루카스가 감독에서 제작 총지휘로 돌아선 것도 불안 요소였다. "특수 시각 효과를 포함하여 전체를 컨트롤하기 위해서……" 라는 이유는 이해할 수 있었지만, 감독이 어빈 캐쉬너라고 발표되었을 때 불안은 더해졌다. <말이라 불리운 사나이>와 <공포의 눈동자> 정도로 알려져 있던 캐쉬너를 스타워즈 감독으로 적임자인지 판단하기에 턱없이 정보가 부족했다.

제작비는 전작의 배 가까이 조성되었는데도 그렇게 충분하지는 않았다. 제작비의 대부분을 특수 시각 효과에 배정했는데, 이는 새로운 기술과 기자재 개발을 위한 것이었다. 하지만 <스타워즈>의 폭발적인 성공에 힘입어 SF영화 붐이 일어났고, 때문에 중고 기자재도 가격이 몇 배 이상이나 뛰어올라 버렸다. ILM의 멤버들은 예산을 꾸려나가는 데에 고심하게 된다.

속편 〈제국의 역습〉

첫 작품 개봉 후에 지적을 받은 것이 있다. 그것은 흑인 캐릭터가 한명도 등장하지 않는다는 것이었다. 이에 대해 속편에서는 란도 칼리시안 남작이라는 새로운 캐릭터를 등장시키고 빌리 디 윌리엄스에게 맡긴다. 하지만 당초 개봉되었던 홍보용 포스터에는 주요 캐릭터였을 란도의 모습이 그려져 있지 않았다. 때문에 급하게 현상금 헌터 보바 펫과 함께 그를 그려 넣은 버전의 포스터로 바꾸는 소동도 일어났다 그 결과 란도 없는 버전의 가격이 뛰어 올랐고, 현재는 25만 엔의 가치가 붙어있다. (게다가 첫 번째 작품의 홍보용으로 1달러에 팔리고 있던 하워드 체이킨이 그린 이른바 '체이킨 포스터'가 더 레어한 아이템이 되어 지금은 50만 엔의 가치라고 한다.)

속편에는 전작에서 죽은 루크의 스승, 오비완 케노비 대신 제다이 마스터 요다가 등장한다. 요다는 퍼펫 기술로 제작되었는데 조작과 대사 모두 <세서미 스트리트>에서 쿠키 몬스터와 미스 피기를 연기했던 프랑크 오즈가 담당했다. 한편 혼령으로라도 계속해서 루크를 지도할 예정이었던 오비완 케노비 역의 알렉 기네스는 눈 수술을 받은 후여서 장시간 촬영을 견딜 수 있는 상태가 아니었다. 그 때문에 오비완의 출연 분량은 대폭 줄어들었고 하루 안에 촬영하도록 조정되었다.

<제국의 역습>은 <새로운 희망>으로부터 3년 후의 이야기다. 혹성 '호스'에서 제국군 공격을 준비하고 있던 반란군이 정찰 드로이드에게 발각되고, 대규모 지상전 끝에 뿔뿔이 흩어지는데……라는 도입로 시작하며 볼거리가 풍부하다. 특히 눈의 혹성을 무대로 펼쳐지는 지상전은 하얀 배경에서 촬영한 후 광

학 합성하는 등 특수 촬영이 눈에 띈다. 전작에서는 기록 영화를 편집해서 그림 콘티를 제작했는데, <제국의 역습>에서는 선으로 그린 애니메이션을 콘티로 제작하여 '애니마틱스'라는 기법으로 발전한다. 또한 완성도가 걱정되었던 퍼펫으로 만든 요다도 예상외의 존재감을 보여주며 진부한 영상을 걱정하고 있던 팬들을 안심시켰다.

흥행에서도 전작만큼은 아니었지만 속편 영화로는 이례적으로 히트하며 1억 4500만 달러(현재는 '특별편'등 을 합산해 2억 9천만 달러에 이른다)라는 성적으로 그해 최고 흥행작의 권좌를 획득한다. 그 결과 영화업계의 '속편 중 성공작 없음'이라는 상식은 과거의 것이 되어버린다.

충격적인 엔딩

<제국의 역습>이 이후의 영화업계에 결정적인 영향을 가져다준 것은 엔딩이다. 주인공 루크는 베이더와의 대결에서 패배하며, "I'm your father."라는 충격적인 고백을 듣고 더욱 나락 속으로 내던져진다. 레아 공주는 불한당 한 솔로와 사랑에 빠지는데, 그녀가 자신의 마음을 확인한 바로 그때 한 솔로는 '카본 동결'되어 현상금 헌터에게 납치된다. 비밀기지에서 내몰린

반란군도 허둥지둥 도망친다. 이렇게 아무 것도 해결되지 않고 영화가 끝나고 말았던 것이다. 그 옛날 연속 활극이 적당한 곳에서 'to be continued'라고 끝내버리는 것처럼. 아서 C. 클락과 나란히 SF소설의 거장으로 불리는 아이작 아시모프는 영화가 끝나자마자 일어서서 "빨리 다음 편을 보러 가자!"고 외쳤다는데, 그것이야말로 전 세계 팬들의 목소리였다.

하지만 팬들은 그 후 3년이나 마냥 기다릴 수밖에 없었다. 이렇게 이야기 도중에서 끝나버리는 영화는 블록버스터의 세계에서는 전례가 없기 때문이다. 그만큼 스타워즈의 성공은 그 후 '한 편에 다 넣기에는 너무 긴 이야기'를 영화화하는데 있어 이정표를 제시하게 되었다. <백 투 더 퓨처 PART2>와 <백 투 더 퓨처 PART3>, <해리포터> 시리즈, <반지의 제왕> 시리즈는 <제국의 역습>이 성공하지 않았다면 결코 진행되지 못했을 것이다.

게다가 <제국의 역습>부터 오프닝에 에피소드 번호와 서브타이틀이 붙게 된다. <에피소드5: 제국의 역습>처럼. 이를 통해 전작(첫 개봉작)은 '에피소드4'에 해당되며 <새로운 희망>이라는 서브타이틀임이 판명되었으며, 시리즈는 총 9부작으로 제작될 것이고 현재 제작중인 영화는 그 가운데 3부작에 해당한다고 알려졌다.

전미 영화감독협회와의 갈등

<제국의 역습>이 나온 다음 해, 루카스는 절친 스티븐 스필버그와 손을 잡고 뉴 히어로 영화, 인디아나 존스 시리즈의 첫 영화 <레이더스: 잃어버린 성궤를 찾아서>로 다시 세상을 놀라게 하며 연간 흥행성적 톱을 장식한다. 다음 해 1982년에는 스필버그의 <E.T.>가 <스타워즈>의 기록을 깨고 흥행 톱에 섰으며, 83년에는 <제다이의 귀환>이 2억 5200만 달러로 그 해 최고의 흥행을 올리며, 루카스와 스필버그가 이 시기 영화계를 석권했다.

그 때문에 업계에서는 그들을 끊임없이 시샘하고 괴롭혔다. 대표적인 것이 "영화에서는 감독 이름이 가장 먼저 크레딧에 나와야 한다."라는 전미 영화감독협회로부터의 클레임이었다. 물론 <제국의 역습>에서도 엔딩 크레딧에 가장 먼저 나온 것은 감독인 어빈 캐쉬너의 이름이었다. 하지만 감독협회는 영화의 첫머리에 나오는 '루카스 필름 리미티드' 표기를 문제 삼았다. 이것은 루카스 개인의 표기가 아닌 제작회사로서의 '루카스 필름'의 표기에 불과했기 때문에 당연히 루카스와 캐쉬너는 항의했다. 하지만 감독협회는 물러서지 않았고, 결국 캐쉬너에게 피해가 갈 것을 두려워한 루카스는 어쩔 수 없이 벌금을 물었지

만 항의의 표시로 감독협회에서 탈퇴한다.

하지만 그 사건으로 <제다이의 귀환>에 내정되어 있던 스필버그의 감독 기용도 단념할 수밖에 없었다. 스필버그는 <E.T.>로 아카데미 작품상과 감독상 수상이 기대되고 있었는데, 결국 영화 <간디>(1982)와 감독 리처드 아텐보로에게 돌아갔다. 스필버그는 3년 후 인종 문제를 다룬 <컬러 퍼플>(1985)로 11개 부문에 노미네이트되었지만 하나도 수상하지 못했고 감독상에는 노미네이트조차 되지 못했다. 결국 스필버그는 1993년 <쉰들러 리스트>로 감독상을 받았지만 루카스는 여전히 미움을 받고 있다. 그로서는 받고 싶다고 생각하지 않았어도 신경은 쓰이지 않았을까.

타이틀 변경 비화

세 번째 작품의 타이틀은 <제다이의 복수(Revenge of the JEDI)>로 정해져 있지만, 개봉 직전 <제다이의 귀환(Return of the JEDI)>으로 변경되었다. 루카스 필름은 당시 "제다이는 복수 따위 하지 않기 때문에……" 라고 당연하다는 듯 설명했다. 그러나 실제 이유는 두 가지다. 첫째, 루카스 자신은 처음부터 '귀환'으로 하고 싶었지만 주위로부터 "타이틀 치고는 약하지 않나?"

라는 의견을 듣고 일단 '복수'로 정했고, 결국 처음 의견에 따라 '귀환'으로 바꿨다는 것이다. 둘째, 개봉 전에 진행한 마케팅 리서치 결과 '복수'라는 단어가 여성관객에게 좋은 인상을 주지 못한다는 점에서 '귀환'으로 바꾸었다는 것이다.

어쨌든 타이틀 변경으로 가장 피해를 입은 것은 파라마운트였다. 파라마운트는 1982년 개봉된 <스타트랙2>를 제작하고 있었는데, 서브타이틀은 '칸의 역습(The Vengeance of Khan)'이었다. 이에 루카스 필름은 '복수'와 '역습'이 비슷해서 혼동되기 쉬우니 바꿔달라고 요청했다. 파라마운트는 요청을 받아들여 타이틀을 <칸의 분노(The Wrath of Kahn)>로 변경했다. 일본에서는 두 영화 모두 변경 전 타이틀로 프로모션이 진행되었기 때문에 그대로 개봉되지만, 2004년 오리지널 3부작(에피소드4~6) DVD 박스가 발매되었을 때 <제다이의 귀환>으로 수정되었다. 이는 2002년 <클론의 습격> 홍보 차 일본에 왔던 프리퀄 3부작(에피소드1~3)의 프로듀서 릭 맥컬럼이 상황을 알게 되면서 DVD 발매에 맞춰 수정하자고 제한하면서 실현된 것이다. 항간에서 일컬어지듯 <에피소드3: 시스의 복수>와 겹치지 않도록 변경되었다는 것은 오해이다.

세 번째 〈제다이의 귀환〉

이야기는 대략 예상대로 대단원을 맞이한다. 혹성 타투인의 보스 자바 더 헛에게 붙잡혀 있던 한 솔로는 구출되었고, 루크는 베이더와의 대결을 거쳐 제다이(은하공화국의 수호자)가 되었으며, 아버지를 제다이로서 '귀환'하도록 하는 데 성공한다. 또 레아가 어렸을 때 헤어진 여동생이었다는 것도 판명되었으며, 그런 그녀와 한 솔로의 사랑이 이뤄지면서 스카이워커 가의 혈통이 이어지게 된다.

3부작의 완결편인 <제다이의 귀환>을 기다리던 3년간은 전작인 <제국의 역습> 개봉을 기다렸던 때와는 다르게 시간이 무한대로 느껴질 정도로 길었다. 가장 재미있는 곳에서 끝났던 이야기의 후속을 3년이나 기다렸던 것이다. 그런 만큼 전례 없이 분위기가 고조되어 개봉을 맞이했다. 차이니즈 시어터 앞에는 한 달 전부터 긴 줄이 생겼다. 모두들 휴가를 내거나 회사를 그만두거나 수단 방법을 동원해서 줄을 섰다. 여하튼 스타워즈의 완결편을 보고 싶은 사람들의 대화에는 끝이 없었고, 일상생활에서는 얻을 수 없는 '동료'를 발견할 기회도 있었다. 그 중에는 결혼 적령기의 남녀도 있었고 사랑에 빠져 결혼으로 발전했다. 모처럼의 기회니 "이 자리에서 결혼해버려!"라며 목사를 찾았는데 편리하게도 목사도 행렬 중에 있었다던가. 스타워즈를 사랑하는 사람들에게 둘러싸여 그 자리에서 결혼식을 올렸다고 한다. 그때부터 스타워즈 신작 개봉은 완전히 하나의 축제가 되었다. 개봉 첫날 꾀병으로 회사를 쉬는 사람들이 속출했기 때문에, 16년 후 에피소드1을 개봉했을 때는 아예 많은 기업이 임시 휴업했다.

기술적인 면에서는 앞에서 서술한 애니마틱스가 액션피규어와 디오라마를 활용하여 비디오카메라로 촬영하는 방식인 '비디오마틱스'로 진화하여 주로 스피드 바이크 신에서 활용되었다. 이 작품에서 한 컷에 65개나 되는 영상을 짜 맞추는 합성기술은 이미 최고 퀄리티로 진화하였다. 다시 말해 이 이상의 것을 만들 수 없는 수준에 이르렀던 것이다. 이것이 그 후 오랜 시간에 걸쳐 스타워즈의 신작을 만들 수 없었던 가장 큰 이유가 된다.

루카스가 진행한 디지털화

이 무렵부터 루카스는 '디지털화'를 향해 움직인다. 그때까지 '모션픽처'라는 이름에 걸맞게 '움직이는 사진'인 영화는 필름을 베이스로 제작되어 왔다. 특수 시각 효과도 기본적으로는 복수의 필름을 합성함으로써 관객에게 환영을 제공하는 것이다. 옵티컬 합성이라고 불리는 아날로그 방법으로 <제다이의 귀환>에서는 하나의 컷에 65개의 합성이 이루어졌는데, 시간과 돈이 많이 투여된다는 점에서 이미 한계점에 이르렀다. 편집 시스템 역시 필름을 자르고 붙여 순서대로 이어나가는 방식인 '리니어 편집 시스템'으로 진행되었다.

루카스 필름에서는 79년에 이미 ILM 내에 컴퓨터 애니메이션 부문을 신설하여 '픽사'라고 이름 붙였다. 여기에 유명한 존 래시터도 입사했으며 새로운 시대를 위한 영상 연구가 진행되었다. 픽사는 후에 스티브 잡스에게 매각되었고, <토이 스토리>(1995)를 제작하며 현재 세계 최고의 애니메이션 스튜디오로 성장했다.

루카스 필름에서 개발한 디지털 편집기의 선구적 역할을 한 '에디트 드로이드'는 현재 컴퓨터 등에서 사용되고 있는 영상 편집 소프트웨어의 원조라고 부를 수 있는 것인데, 임의의 장면을 본편 속의 위치와는 관계없이 편집할 수 있는 세계 첫 논리니어 편집 시스템이다. 이것은 후에 AVID사에 매각되었고 AVID는 이 기술을 발전시켜 누구나 가볍게 영상을 편집할 수 있는 환경을 세상에 선보였다.

음향 면에서는 하드 디스크 드라이브를 베이스로 한 '사운드 드로이드'를 개발하여 같은 시기 극장용 음향시스템으로서 개발된 THX사운드 시스템과 함께 발전되어 나갔다. 사운드 드로이드는 스카이워커사운드사가, THX사운드 시스템은 THX사가 되어 현재에 이른다. 픽사를 매각했다고는 하지만 ILM은 컴퓨터에 의한 영상제작기술의 개발을 계속해 나갔고, 1993년에 개봉된 <쥬라기 공원>에서 혁신적으로 비약된 모습을 보이게 된다.

영화 이외의 전개

<제다이의 귀환> 이후, 스타워즈의 세계관은 TV로 옮겨간다. 이웍 족의 위켓을 주인공으로 한 장편 TV 영화가 두 편 제작되었고(미국 이외에서는 극장 개봉), 마찬가지로 이웍의 일상을 그린 애니메이션 시리즈 <이웍(Ewoks)>이 만들어졌다. 그리고 R2-D2와 C-3PO를 주역으로 한 시리즈 <드로이드(Droids)>도 제작되었다. 어린이를 대상으로 한 방송으로는 꽤 훌륭한 내용이었지만 둘 다 크게 흥행하지는 못하고 단명했다. 그 후 <제다이의 귀환> 후의 세계를 그린 티모시 잰의 이른바 '슬론 삼부작'이라는 소설 시리즈가 인기를 끌었다.

또한 TV게임에서도 <스타워즈: 저항군의 반격(REBEL

ASSAULT)>이라는 히트작을 시작으로 속속 제품이 개발된다. 이 무렵, 액션 피규어 컬렉션이 유행하는데 스타워즈를 본 적이 없어도 피규어를 모으는 매니아가 나올 정도로 넓은 층으로 확산된다. 이러한 움직임은 신작영화의 개봉을 기다리지 못하는 팬들에게 위로가 되었고 동시에 '확장세계(Expanded Universe: EU)'로 불리는 영화 이외의 장르로 팬들을 개척해나가게 되었다. 그것은 스타워즈의 보편적 인기를 지탱하는 토대가 되기도 했다.

특별편에서 프리퀄 3부작으로

CG시대의 도래와 함께 스타워즈에도 드디어 새로운 시대의 막이 열린다. 1997년은 첫 개봉으로부터 20주년을 맞이하는 해다. 이를 기념하여 리바이벌 개봉 기획이 계기가 되어 루카스는 특수촬영 부분을 수정·추가한 특별편을 개봉하기로 결정한다. 동시에 에피소드1으로 시작되는 프리퀄 3부작을 순차적으로 개봉할 것이라고 발표했다.

90년대 중반부터 루카스는 빈번하게 일본을 방문하게 되는데, 그것은 소니를 비롯한 일본기업의 협력 하에 극장 영화 촬영이 가능한 디지털 카메라를 개발하기 위해서였다. 1999년에 개봉된 <에피소드1: 보이지 않는 위험>에서는 일부 신이 디지털로 촬영되었고, 뒤 이은 <에피소드2: 클론의 습격>은 전편이 디지털로 촬영되었다.

이렇게 특별편에서 프리퀄 3부작으로 이어지는 흐름에 큰 역할을 한 사람들이 전 세계 매스 미디어의 세계에 있었다. 그들은 모두 어렸을 때 스타워즈에 푹 빠져 있었던 팬들이었다. 그들의 열의는 그대로 미디어로 이어져서, 일본에서도 저녁 뉴스에서 특별편 시사회 모습을 생방송할 정도로 과열된 양상을 보였다.

네 번째 개봉작, 〈보이지 않는 위험〉

1999년, 16년 만에 재개된 스타워즈의 신작은 '에피소드1', 즉 원래 시작부분에 해당하는 에피소드다. 이로써 프리퀄 3부작의 막이 열렸다. 이야기는 첫 개봉작인 <에피소드4: 새로운 희망>으로부터 약 30년 전, 은하공화국 최고의장의 특사로서 파견된 두 명의 제다이 기사가 무역교섭 분쟁에서 비롯된 변방 혹성 나부의 무력봉쇄 상황을 해결하기 위해 현장에 도착하는 것으로 시작한다. 이 두 명의 제다이는 리암 니슨이 연기하는 콰이곤 진이라는 괴짜 제다이와 이완 맥그리거가 연기하는 젊은 날의 오비완 케노비였다. 이완 맥그리거는 오리지널 3부작에서 인기 캐릭터이자 루크의 친구 웨지 안틸레스를 연기한 데니스 로슨의 조카로, 그가 태어나서 처음으로 극장에서 본 영화도 <스타워즈>였다고 한다. 그 때문에 스타워즈에 대해 깊은 애정을 가지고 있었고 광선검을 다루는 장면에서는 번번이 '붕! 붕!'하는 효과음을 재현해서 주위를 놀라게 했다고 한다. 두 명의 제다이 기사는 혹성 나부에서 젊은 아미달라 여왕과 만난다. 그녀는 후에 아나킨 스카이워커와의 사이에 루크와 레아를 낳게 되는 파드메 나베리이다. 이 아미달라를 뤽 베송 감독의 <레옹>에서 센세이션을 일으키며 데뷔했던 나탈리 포트먼이 연기했다. 아미달라 여왕은 기본적으로는 파드메이지만 비상시에는 대역인 사베가 대신 여왕 역할을 하며 파드메는 시녀로서 뒤에서 사베에게 지시를 내린다. 이 사베를 연기한 것은 무명시절의 키이라 나이틀리다. 그녀는 후에 <캐러비안의 해적>에서 엘리자베스 스완 역으로 세계적 스타가 된다.

나부 선출 원로원 의원인 팰퍼틴은 프리퀄 3부작에서 진정한 악역이다. 표면에서는 원로원을 조종하여 전쟁 상태로 이끌며, 뒤에서는 시스의 암흑백작 다스 시디어스로서 공화국 붕괴를 향해 효과적으로 포석을 놓은 책사로서 암약한다. 그는 후에 은하제국의 황제가 되는데, 이를 <제다이의 귀환>에서 황제를 연기한 이언 맥더미드가 연기한 점이 흥미롭다. <제다이의 귀환>을 촬영했을 때 30대 중반이었던 그도 이 작품을 촬영할 때 53세의 나이가 되어 팰퍼틴 원로원 의원을 연기하기에 딱 적당한 나이였는데, 이에 대해 본인도 "묘한 기분이었다."고 말했다.

나부의 원주민으로 개봉과 동시에 전 세계의 팬으로부터 미움을 사게 된 캐릭터가 자자 빙크스다. 조지 루카스는 오리지널 3부작에서 C-3PO가 맡고 있던 '말 많고 성가신 조연 캐릭터'를 그에게 맡겼는데, 어지간히 성가셨던 탓에 팬들은 비디오 발매 후 그의 출연 장면만을 커트해서 재편집한 버전을 만들어 인터넷에 퍼뜨리기에 이르렀다.

나부 근처의 혹성 타투인에 불시착한 아미달라와 제다이 일행은 여기서 노예 소년 아나킨 스카이워커와 만난다. 그에게 범상치 않은 포스(제다이가 사용하는 특수한 에너지)를 느낀 콰이곤은 그를 제다이로 만들기 위해 움직인다. 아나킨의 어머니 시미는 자신도 모르는 사이에 배가 불러 아나킨을 출산했다고 말한다. 이렇게 주요 캐릭터가 모여서 나부를 탈출한 아미달라의 행방을 따라 시디어스의 제자 다스 몰도 타투인에 내리게 된다.

16년 만의 시리즈 신작

박력 넘치는 포드 레이스, 전성기의 제다이와 시스에 의한 광선검 전투, 그것을 고조시키는 존 윌리엄스의 음악 「운명의 싸움」……. 원래 음모극으로 밋밋하게 전개될 것이라 생각되었던 에피소드1은 예상을 깨고 최첨단 시각효과와 극적인 장면으로 많은 신세대 팬을 획득한다. 그러나 오리지널 3부작부터 팬들 대부분은 불만을 느꼈고, 프리퀄 3부작을 '인정한다' 혹은 '인정할 수 없다'로 나뉜다.

16년 만에 시리즈가 재개되었다는 기대와 흥분에 힘입어 4억 3천만 달러를 기록하며 에피소드1은 그해 최고 흥행작이 되었지만, 동시에 대량으로 발매한 굿즈 판매가 저조했던 탓에 이후 타이업 전략을 크게 전환하게 된다. 홍보 면에서는 이번 작품이 스타워즈의 네 번째 개봉작이 아니라 시리즈 전체의 가장 첫 이야기에 해당한다는 것을 알리는 차원에서 서브타이틀인 '보이지 않는 희망'보다 에피소드1을 강조했다. 이런 홍보 전략은 뒤이은 에피소드2, 그리고 에피소드3에서도 마찬가지였다. 반면 2015년에 개봉된 <에피소드7: 깨어난 포스>는 에피소드 번호보다 "신작이 나온다!"라는 인상을 강하게 남기기 위해 에피소드 번호를 홍보에 사용하지 않았다. 이는 오리지널 3부작

때도 마찬가지였으니 원래의 홍보 패턴으로 돌아갔을 뿐이다.

다섯 번째 개봉작, 〈클론의 습격〉

<보이지 않는 위험>으로부터 10년 후를 그린 <클론의 습격>에서 파드메는 여왕의 자리에서 내려와(원래 선출되는 지위라는 설정), 원로원 의원으로서 활약하고 있다. 아나킨은 오비완의 지도 아래 제다이로서 실력을 키우며 꽤 멋지게 성장했다. 파드메와 오랜만에 재회한 아나킨은 그녀에게 반하고 한편 파드메도 겉으로는 내비치지 않았지만 멋지게 성장한 아나킨에게 이끌린다. 파드메를 연기한 나탈리 포트만이 이 심리 변화에 대해 "얼굴에 빠져든 거야!"라고 단언했다는 점이 흥미롭다. 이 잘 생긴 스카이워커를 연기한 것은 오디션을 뚫어낸 캐나다의 젊은 배우 헤이든 크리스텐슨. 젊기에 위태로워 보이는 소년다운 행동을 훌륭히 연기 해냈다. 헤이든 본인은 아나킨의 아이다움을 싫어해서 좀 더 깊이 있게 연기하고 싶어 했지만 루카스는 "아니, 아이처럼 연기해주게."라고 다독였다고 한다. 전작 <보이지 않는 위험>에서 오비완의 캐릭터를 만드는데 있어서 이완 맥그리거도 헤이든과 마찬가지였다고 한다. 이 두 작품에서 아나킨과 오비완은 불안정함과 유약함을 가지고 있는 젊은이의 모습

을 보여주며, 그 후 오비완은 제다이 마스터로, 아나킨은 어둠의 세계로 전락하며 다스 베이더가 되어 명암이 갈린다. 그 대비를 통해 관객들은 인생의 기로에 있어 명암은 실로 종이 한 장 차이라는 것을 느낄 수 있었다.

이야기는 서두에 일어난 파드메 의원 암살미수사건을 계기로 미스터리와 수수께끼를 풀어가면서 진행된다. 동시에 아나킨과 파드메의 사랑도 급속도로 진행되어 영화 종반이 되면 둘은 비밀리에 결혼한다. 암살사건에는 현상금 헌터 장고 펫이 연관되어 있었다. 그가 남긴 흔적을 좇자 혹성 카미노에서는 클론 병사들을 대량 생산하고 있었으며, 혹성 지오노시스에서는 반공화국 세력에 의해서 음모가 진행되고 있다는 것이 밝혀지게 된다. 그 배경에는 옛날 제다이 기사였던 두크 백작이 있었고, 그가 중상모략의 주모자였음이 판명된다. 이 두크 백작을 크리스토퍼 리가 연기한다. 첫 작품에서 타킨 총독을 연기한 피터 커싱과 마찬가지로 드라큐라 백작 역을 비롯하여 여러 호러 영화에서 활약했던 그를 캐스팅한 것은 오래된 영화 팬들을 기쁘게 했다.

연간 톱에 서지 못하지 못하고

두크 백작은 사실 다스 몰이 죽은 후 다스 시디어스의 제자 다스 타이라너스였는데, 그 역시 팰퍼틴에 의해 조종되어 움직였다는 것이 밝혀진다. <클론의 습격>에는 공화국의 수도 혹성 코러산트에서 펼쳐지는 스피더 추격극과 오비완과 장고의 장대한 일대일 승부, 소혹성대에서 펼쳐지는 우주전, 그리고 클론 대전 발발의 방아쇠를 당긴 지오노시스에서의 대규모 전투 등 스타워즈다운 화려한 장면이 가득했다.

한편 아나킨과 파드메의 사랑은 스타워즈답지 않다며 비판의 대상이 되었는데, 개인적으로는 스페이스 오페라치고는 너무 뻔한 사랑이야기로 전개되었지만 그렇다고 분노할 만큼은 아니었지 않나 싶다. 하지만 그만큼 스타워즈에 대해 팬들의 이미지가 확고해졌다는 것을 반증하는 것이며, 이 작품에 대한 팬들의 평가는 높지 않다. 실제로 <클론의 습격>은 3억 달러라는 흥행고를 올리면서도 2002년 연간 흥행 성적에서는 <스파이더맨>, <반지의 제왕: 두 개의 탑>에 이어 3위를 기록하여, 지금까지 그해 최고 흥행작이 되지 못한 유일한 스타워즈 작품이 되었다.

<클론의 습격>에서는 제다이 마스터 메이스 윈두 역으로 사

무엘 잭슨이 출연했는데, 클라이맥스에서 그도 광선검을 사용하게 된다. 통상적으로 제다이가 사용하는 광선검은 청색 혹은 녹색인데, 루카스는 잭슨에게 어떤 색이 좋은지 물었고, 잭슨은 보라색을 사용하고 싶다고 답했다. 루카스도 그것을 받아들였고 스타워즈 전 작품에서 유일하게 그만이 보라색 광선검을 사용하게 되었다.

여섯 번째 개봉작 〈시스의 복수〉

2005년 <에피소드3: 시스의 복수>가 개봉되면서 총 여섯 작품으로 알려져 있던 스타워즈 사가는 드디어(일단) 완결되게 된다. <에피소드3: 시스의 복수>는 프리퀄 3부작과 오리지널 3부작을 잇는 다리 역할도 맡고 있었기 때문에, 여러 면에서 이야기는 급하게 전개된다. 에피소드2에서 어머니의 죽음을 예지했음에도 막을 수 없었던 아나킨은 이번에는 아내 파드메가 출산으로 죽고 말 것이라는 예지몽에 괴로워한다. 결국 사랑하는 사람들을 잃고 싶지 않았기에 아나킨은 더욱 힘을 갈구하게 되고, 그 선택이 결과적으로 파드메를 죽음으로 내몰게 된다.

클론 전쟁은 대단원을 맞이한다. 팰퍼틴은 악을 저지할 유일한 존재인 제다이 기사단을 말살하기 위해 최종 단계에 돌입한다. 클라이맥스에서 1977년의 첫 번째 개봉 때부터 전해 내려오던 '화산에서의 싸움'에서 베이더는 오비완과의 사투 끝에 빈사의 중상을 입지만 전신을 기계 장치로 바꾸고 살아남아 잘 알려진 그 모습이 된다. 그 후, 루크와 레아가 태어나고 각각 따로 입양되면서 이야기는 <새로운 희망>으로 급속하게 이어져 나간다. 오래된 팬들은 오리지널 3부작에 등장하는 메카닉과 보다 가까워진 모습의 우주선과 전투기를 보고 적잖이 기뻐했다. 그 중에서도 <새로운 희망>의 첫머리에 레아가 탑승했던 우주선 '탄티브IV'는 색은 다르지만 예전 그대로의 모습으로 등장하여 많은 팬들을 감동시켰다.

프리퀄 3부작의 완결

<시스의 복수>에서는 그리버스 장군이라는 새로운 캐릭터가 등장한다. 그는 신체의 대부분이 기계화된 에이리언 종족인데, 이후 기계화되어가는 아나킨의 선구적 존재이기도 하다. 4개의 팔로 4개의 광선검을 휘두르는 모습은 꽤 장관인데, 그와 오비완의 사투는 이 작품에서 볼만한 장면 중 하나이다. 그리버스 장군의 목소리를 연기한 것은 음향 스탭 중 한명인 매튜 우드이다. 여러 배우와 성우가 더빙한 그리버스의 목소리 샘플

속에 참고 자료로 자신이 연기했던 데이터를 섞어놓았던 것이 채용된 특수한 케이스다. 원래 이 역할에는 개성파 배우로 잘 알려진 게리 올드먼이 내정되어 있었다. 그러나 <제국의 역습> 때 감독협회와의 일의 여파가 남아 있어 전미 배우협회 소속 배우가 루카스 영화에 나오는 일은 절대 안 된다는 간섭이 있었기 때문에 올드먼의 출연이 취소되어 급하게 캐스팅해야만 했다는 비화도 있다.

이 작품에서는 프리퀄 3부작에서 처음으로 다스 베이더가 등장하게 된다. 베이더의 의상을 입은 헤이든 크리스텐슨이 세트에 나타나자 주위로부터 일제히 감동의 한숨이 쏟아졌다고 한다. 그것은 스태프들에게 있어 특별한 순간이었다. 이렇게 찬반양론 속에서 최신기술을 구사하여 계속 제작된 스타워즈는 무사히 여섯 작품이 하나의 장대한 이야기로 완결되었다. 흥행에서도 3억 8천만 달러라는 성적으로 전미 연간 흥행 톱에 올라 시리즈의 체면을 세웠다.

비약적으로 발전한 디지털 기술

1999년 개봉된 <에피소드1: 보이지 않는 위험>에서는 앞서 언급했듯 디지털 카메라로 촬영한 것은 일부에 불과했지만 디지털 합성기술은 더욱 한 단계 진보했다. 개봉 당시 프로듀서 릭 맥컬럼이 특별히 열의를 보이며 언급한 것은 '버츄얼 세트'였다. 이것은 녹색으로 도장된 세트에서 촬영한 연기를 CG로 만들어 낸 화면에 끼워 넣어 장면을 구성하는 것으로 대규모 세트를 짓지 않아도 마음먹은 장면을 만들어 낼 수 있는 획기적인 시스템이었다. 이 기술은 실내 촬영에만 한정되지 않고 옥외 풍경을 배경으로 촬영하여 배우를 끼워 넣는 형태로도 응용할 수 있다. 예를 들어, SF드라마 <히어로즈>에서 마시 오카가 연기하는 히로가 처음으로 텔레포테이션에 성공하고 "해냈다!"라고 외치는 유명한 장면. 그것도 버츄얼 세트로 타임 스퀘어를 촬영한 배경에 스튜디오에서 촬영한 마시 오카의 영상을 끼워 넣은 것이다. 이 버츄얼 세트는 SF뿐 아니라 <앵그리 베티> 등 코미디에서도 빈번하게 활용된다. 이 기술은 배우를 로케이션 장소로 데려가는 수고를 덜 수 있는데다가 로케이션 장소에서 관중을 통제하는 데 드는 인건비를 절약할 수도 있어 현재 미국의 영상산업에서는 빠질 수 없는 기술이 되었다. 음향 면에서 루카스 필름은 돌비 연구소와 함께 새로운 사운드 시스템인 '돌비 사운드EX'를 발표하였고 <보이지 않는 위험>을 상영하는 극장에 이를 설치할 것을 권장하였다.

2002년의 <에피소드2: 클론의 습격>에서는 CG 기술이 더욱 발전한다. 영화 첫머리에서 오비완과 아나킨이 파드메를 방문하는 장면은 당초 밤이라는 설정으로 촬영되었는데, 이후 낮이라는 설정으로 변경되었고, 이에 따라 버츄얼 세트도 변경되었다. 문제는 연기자들의 연기였다. 밤이라는 설정으로 촬영되었기 때문에 조명도 이에 맞춰 촬영되었는데 이 역시 디지털 기술을 사용하여 낮의 조명으로 변경되었다. 한편 파드메와 아나킨이 서로의 마음에 대해 이야기를 나누는 밤의 장면에서는 둘의 연기가 테이크마다 고르지 못했는데 이것도 디지털 합성을 통해 해결되었다. 즉 둘이 함께 있는 장면이지만 각각 다른 테이크에서 나탈리 포트먼과 헤이든 크리스텐슨의 연기를 선별하여 사용했다. 또 혹성 카미노에서의 장고 펫과 오비완의 대결 장면에서는 로프에 묶여서 끌려가는 오비완을 CG로 만들었고 화면에 따라서는 이완 맥그리거의 얼굴로 바꾸어 넣었다. 두크 백작의 광선검 전투 장면은 77세였던 크리스토퍼 리가 액션 장면을 연기하는 데 어려움이 있었기 때문에 액션은 스턴트맨이 연기하고 CG를 이용하여 얼굴을 바꿔치기 한 것이다.

프리 비쥬얼라이제이션에 의한 경비삭감

<에피소드3: 시스의 복수>가 개봉된 2005년에는 CG가 더욱 발전한다. 이 시기에 이르면 CG가 전문적 수준에 올라서기 때문에 자세히 설명하기는 어렵지만, CG를 활용한 프리 비쥬얼라이제이션(Pre-Visualization)에 대해서는 간단히 설명하고 넘어가려 한다. 첫 개봉작 <보이지 않는 위험>을 제작할 때, 기록영화 등을 편집해서 촬영 전 완성 장면을 예상하는데 참고했었다는 것은 앞서 언급했다. 이윽고 그것은 애니마틱스, 비디오마틱스로 진화하여 프리퀄 3부작에 이르러서는 프리 비쥬얼라이제이션이라는 기법으로 발전한다. 이는 주로 스태프가 캐릭터를 연기하여 실제로 장면을 만들어 보는 작업이다. 특수 시각효과가 필요한 장면에서는 간단히 폴리곤(polygon)으로 제작한 CGI 캐릭터 등이 대신한다. 이 작업을 통해 촬영에 들어가기 전 영화의 전체적인 영상을 파악할 수 있게 되었고, 촬영 때 필요한 앵글과 템포, 기자재 등을 사전에 '시각적으로' 검토할 수 있게 된다. 예를 들어 <시스의 복수>의 서두에 나오는 코러산트 상공에서 팰퍼틴 의장을 구출하는 장면은 프리 비쥬얼라이제이션 단계에서는 40분 이상이었다. 최대한 쳐낸 후 촬영 스케줄을 짰고, 실제로 촬영한 분량에서 더욱 많은 부분을 편집하

여 영화로서 완성시켰다. 하루에도 막대한 경비가 드는 할리우드 영화에 있어 이 시스템은 경비를 삭감하기 위해 필수불가결한 존재가 되어 현재는 프리 비쥬얼라이제이션만을 전문적으로 담당하는 회사까지 있을 정도이다.

에피소드1부터 『베니티 페어』가 독점으로 영화 밀착특집을 진행한다. 그리고 화보 촬영을 사진작가 애니 리보위츠가 담당하는 것이 관례처럼 되었다. 리보위츠는 『롤링스톤』의 치프 카메라맨 시절에 밴드 롤링스톤즈의 투어를 밀착 취재한 것을 시작으로 암살되기 직전의 존 레논과 오노 요코의 사진을 촬영하여 유명해졌으며, 최근에는 『베니티 페어』나 『보그』 등에서 할리우드 셀레브리티를 내세워 드라마틱한 화보를 촬영하는 것으로 알려져 있다. 그녀는 스타들이 가장 함께 작업하기 원하는 카메라맨으로서 이미 전설적인 존재가 되어 있는 인물이다. 그런 그녀가 밀착해서 촬영한다는 점만으로도 스타워즈가 얼마나 특별한 존재가 되어있는가를 알 수 있다. 2015년에 개봉된 <깨어난 포스>를 언론에 최초로 노출한 것도 그녀가 촬영한 『베니티 페어』의 독점 특집으로, 앞으로도 이 전통은 계속될 것으로 보인다.

팬들의 연대

여기까지 숨 가쁘게 스타워즈라는 작품의 대략적인 내용과 작품이 일궈온 혁신의 역사를 되돌아보았다. 그 외에도 제다이 기사에게 매료되어 검도를 시작한 외국인도 많으며, 제다이의 가르침을 믿으며 실제 종교로 활동하고 있는 그룹도 유럽에 여럿 존재할 정도로 영화가 영향을 끼친 예는 셀 수 없다. 하지만 셀 수 없이 많은 스타워즈의 영향 중에서 비교적 주목받지 못했지만 가장 크게 바뀐 것은 '팬들의 의식'이 아닐까.

전 세계에는 다른 작품은 생각할 수 없을 만큼 스타워즈의 팬들이 많다. 스타워즈의 팬으로서 사회에 공헌하는 방법을 여러 각도에서 모색하려는 움직임이 시작된다. 이러한 변화는 프리퀄 3부작 개봉 이전으로 거슬러 올라간다. 16년 만에 신작이 개봉된 것을 축하하기 위해 1999년 4월 30일부터 5월 2일까지의 기간 동안 콜로라도 주 덴버에서는 본격적인 스타워즈 제전 '스타워즈 셀레브레이션'이 최초로 개최될 것이라 알려지며 전 세계의 팬들을 설레게 했다. 그러나 행사가 있기 불과 10일 전, 하필이면 개최지인 덴버에서 전 세계를 충격에 빠뜨린 사건이 발생했다. 마이클 무어 감독의 다큐멘터리 영화 <볼링 포 콜롬바인>의 소재가 되기도 한 콜롬바인 고등학교 총기 난사 사건이다. 따돌림 당하던 두 명의 학생이 일으킨 이 사건으로 교사 1명, 학생 12명의 희생자, 24명의 중경상자가 발생했다. 당연히 미국 전체에 무거운 분위기가 감돌았고, 덴버에서는 축제를 할 분위기가 아니었다. 루카스 필름에서도 조지 루카스를 포함하여 셀레브레이션 중지 여부를 놓고 철야로 논의하게 된다.

스티븐은 혼자가 아니다

하지만 결과적으로 셀레브레이션은 예정대로 개최된다.

그 배경에는 한 소년의 존재가 있었다. 총기 난사 사건으로 희생된 학생 중 한명인 14세의 스티븐 카노는 스타워즈를 매우 사랑하는 팬이기도 했다. 그는 개봉이 얼마 남지 않은 <에피소드1: 보이지 않는 위험>을 매우 고대하고 있었으며 그 기분을 누구보다 이해할 수 있던 것은 전 세계에 퍼져있는 스타워즈 팬들이었다. 스티븐의 가족에게는 전 세계로부터 격려 편지가 보내졌다. 그리고 영화가 개봉되자 또 다른 움직임이 나타났다. 마이크 패넘이라는 29세의 청년이 면식도 없는 스티븐을 위해 무엇인가 할 수 있는 일은 없을까 생각하여 전 세계의 팬들에게 어떤 제안을 한 것이다. 그는 스티븐과 같은 14세 아이들을 위해서 영화 티켓을 구입하고 관람 후 티켓 반쪽에 아이의 이름을 기입해서 자신에게 보내주도록 부탁했다. 이렇게 전 세계에서 모인 반쪽 티켓을 하나의 책으로 만들어 스티븐의 부모에게 선물한다는 것이 마이크의 플랜이었다. 스티븐이 혼자가 아니라는 것을 부모에게 알리기 위해서. 그의 제안은 금세 전 세계로 알려졌고 이렇게 해서 만들어진 기념 스크랩북을 받아든 스티븐의 가족은 감격했다고 한다.

이는 앞에서 언급했던 어른이 된 스타워즈 팬이 보인 '의식의 변화' 중 하나일 것이다. 그들은 단순한 팬이 아니다. 얼굴도 모르는 다른 팬들을 '동료' 내지는 '동지'라고 여기며 공감을 통해 뭔가 자신이 할 수 있는 일은 없을까 생각했던 것이다.

팬들이 일으킨 변화

같은 시기 로스앤젤레스 차이니즈 시어터 앞에서도 새로운 시도가 실행되고 있었다. 16년 전 <제다이의 귀환> 개봉 때의 선례에 따라 개봉 한달 전부터 차이니즈 시어터 앞에도 행렬이 생겼던 것이다. 이 행렬은 보도 위를 점거하는 형태로 발전하여 할리우드 대로를 오가는 보행자들에게 지극히 민폐를 끼치게 된다. 이때 변화가 생겼다. 행렬에 서 있는 사람들 사이에서 회의를 가지고 룰을 정하게 된 것이다. 우선 등록제로 행렬에 참가하는 사람을 정하고, 하루에 정해진 시간만 행렬에 참가하면 그 순서가 보증되도록 했다. 이로 인해 보도 위에 늘어선 행렬의 크기가 급격하게 줄어들며 더 이상 보행자들에게 피해를 가지 않게 되었다. 하지만 여기서 주목해야만 할 점은 이후의 일이다. 그들은 보행자들에게 끼치는 피해는 해결되었지만 거리 전체에 끼치는 피해는 해결되지 않았다고 생각했다. 그래서 행렬에 늘어서 자신들이 욕구를 충족하는 대신에 행렬을 자선행위로 승화하기로 한다. 구체적으로는 매우 단순하다. 행렬에 참가하는 사람은 적어도 일인당 50달러의 금액을 로스앤젤레스에 본부를 둔 난치병 어린이 지원단체 '스타 라이트 칠드런즈 파운데이션'에 기부하기로 한 것이다. 이 활동 역시 미디어를 통해 전 세계로 전달되었고, 스타워즈 팬들은 자신들의 취미가 타인을 돕는 행동으로 이어질 수 있다는 가능성을 확인했다. 이에 5월 19일 개봉에 앞서 루카스 필름은 전미 각지에서 자선시사회를 개최하고 수익도 어린이들을 위한 재단에 기부했다.

지금까지 전 세계의 왕실 인사들을 초대하여 자선 시사회를 진행하는 예는 드물지 않다. 하지만 이처럼 팬들이 스스로 자선 행사를 기획하는 것은 스타워즈를 제외하고는 그 예를 찾기 힘들다.

코스프레로 시작된 자선

게다가 스타워즈의 경우 이것은 시작에 불과했다. 특별편이 개봉되었던 1997년, 남 캘리포니아 주에 사는 스타워즈의 열렬한 팬, 앨빈 존슨은 제국군 코스튬을 입는 팬 단체인 '501st Legion'을 설립한다. 영화에 등장한 것과 한없이 가까운 코스튬을 추구하는 그는 결국 루카스 필름으로부터 저작권 위반으로 항의를 받을 정도로 코스튬의 퀄리티가 높았는데, 양 측 사이에 잠시 긴장 관계가 감돌기까지 했다. 2002년 <에피소드2: 클론의 공격> 개봉 전에 개최되었던 셀레브레이션2에서는 이미 전 세계에 확산되어 있던 멤버들이 완성도 높은 코스튬을 착용하고 개최장소인 인디애나폴리스에 집결했다.

이 때 앨빈을 비롯한 멤버들은 행사장 가까이에 소아병원이 있다는 것을 눈치 챘다. 그리고 입원해 있는 어린이들은 셀레브레이션에 오고 싶어도 오지 못하겠지 생각한다. 그는 "자, 우리들이 병원에 가서 어린이들을 기쁘게 해주자!"고 멤버들과 유지를 모아 병원을 방문했다. 어린이들은 너무 기뻐하며 그들을 맞이했다. 그 반응은 그들의 상상을 훨씬 뛰어넘어 매우 열광적이었다. 트루퍼 마스크 아래 숨겨진 멤버들의 눈가가 촉촉해졌을 정도로. 이 움직임은 금세 전 세계의 멤버들에게 알려졌고 셀레브레이션이 종료된 후도 전 세계에서 계속해서 병원을 방문하게 되었다. 그러자 루카스 필름도 지금까지의 인식을 180도 바꾸어 그들과 협력하여 자선활동을 진행하기로 했다. 2005년, 마찬가지로 인디애나폴리스에서 진행되었던 셀레브레이션3에서는 행사 공식 호텔에 '501st 구역'이 마련되었고, 숙박 요금과 아동 복지 단체에 대한 기부금 10달러를 포함한 요금을 선택할 수 있게 하였다. 모든 예약자들은 기부금이 포함된 요금을 선택했다고 한다. 그 후도 501st는 자매 단체인 반란군 코스프레 단체 '레벨 리젼'과 협력하면서 자선 방문을 계속했으며, 또 고도의 난치병 아동들의 마지막 소원을 이뤄주는 단체 'make a wish'와의 협력도 시작했다. "죽기 전에 다스 베이더를 만나고 싶어요."라고 말한 어린이들을 위해 전 세계의 멤버가 병실을 찾아가게 되었다.

R2-KT의 이야기

이러한 활동을 통해 전 세계의 팬들을 이끈 501st지만 하필 불행은 그 창설자인 앨빈의 가족을 덮쳤다. 2004년 11월 그의 6살 된 딸 케이티가 뇌종양으로 여명이 얼마 남지 않았다는 것이 알려졌던 것이다. 병상에서 괴로워하는 케이티의 모습을 보고 있던 그녀의 언니 앨리는 에피소드2에서 'R2-D2가 병실에서 쉬는 파드메를 경호'하는 장면을 떠올린다. 그리고 "핑크색 R2가 케이티를 지켜주면 좋을 텐데. 그렇게 되면 R2는 R2-KT야."라고 앨빈에게 말한다. 이 훌륭한 아이디어는 금방 멤버들 사이에 퍼지게 된다. 동료들 중에는 R2 빌더즈 그룹(자작 R2를 제작하는 팬 단체)도 있었는데, 그들은 "좋아, 실물 R2-KT를 만들자!"며 제작을 개시한다.

그녀의 사연은 많은 스타워즈 관계자들의 마음을 흔들었다. 조지 루카스를 비롯하여 헤이든 크리스텐슨 등도 비디오 레터를 보내며 회복을 바랬다. 일본인 스타워즈 아티스트 중 한명인 산다 쓰네오는 케이티가 R2-KT와 함께 있는 아트워크를 그려서 앨빈에게 보냈다. 하지만 케이티의 병세는 점점 진행되어 R2-KT의 완성까지 살아있을 가능성은 거의 없었다.

이에 R2 빌더즈 그룹의 멤버, 앤디 슈왈츠는 2005년 여름 케이티가 얼마 남지 않았다는 것을 알고 자신이 소유하고 있는 R2-D2를 급하게 핑크색으로 칠하여 앨빈의 집에 데려가서 케이티와 대면하게 해준다. 케이티는 실물 크기의 R2-KT를 보고 매우 기뻐했고 찰나의 행복을 충분히 맛보았다고 한다. 그리고 8월 9일, 7살로 짧은 생애를 마쳤다. 전 세계 팬들의 기부에 의해 계속 제작되어 왔던 실물 크기 R2-KT는 다음 2006년 7월 8

일에 완성된다. 지금은 케이티와 마찬가지로 병으로 괴로워하는 아이들을 응원하기 위해 병원 방문을 계속하고 있다.

또한 루카스 필름과 미국의 장난감 회사 해즈브로는 2007년 공동으로 R2-KT 피규어를 제작해 샌디에이고 코믹콘에서 한정 판매한다. 그 수익은 1000만 엔을 넘었고 전액 'make a wish'에 기부된다. 그리고 2008년에 극장 개봉된 <클론워즈>의 영화 초반부에서는 R2-D2의 옆에 애니메이션으로 그려진 R2-KT가 등장. 여기에서 R2-KT가 정식 스타워즈 유니버스의 일원이 된다.

스타워즈라는 문화

이 이야기를 단순히 미담으로 여기며 감동적인 이야기로 끝내고 싶지는 않다. 앨빈은 2008년 일본에 왔을 때 "꼭 KT를 일본에 데려오고 싶다! 그것은 나의 꿈 중 하나다."고 말했다. 그 말을 듣고 나는 기쁘면서도 동시에 무엇을 할 수 있을까 자문할 수밖에 없었다. 아직도 그 물음에 명확한 대답은 내리지 못했다. 하지만 좋은 이야기를 듣고 "음, 좋은 이야기군."하고 반응하는 데서 그치는 것이 아니라 스스로가 무엇을 할 수 있는가를 생각하고 있다. 이야기에 공감하는 것만으로 자신을 좋은 사람으로 착각하는 것은 자유이지만 그것은 어디까지나 착각에 지나지 않다는 것을 눈치 채지 못할 정도로 우리들은 더 이상 어리지 않다.

2014년 여름, <깨어난 포스> 촬영 중 루카스 필름, 디즈니, 그리고 감독 J.J 에이브럼스는 'force for change'라는 이름의 자선 활동을 개시하여 팬들의 기부를 호소했다. 유니세프에 모인 이 기부금은 최종적으로는 6억 엔을 넘었다. 이것은 시작에 불과했다. 나는 2015년 4월 30일 영화 킥오프 미팅을 위해 일본을 방문한 프로듀서 겸 현 루카스 필름 회장인 캐슬린 케네디에게 스타워즈가 가져다준 것 중에 가장 감명을 받은 것은 'force for change' 활동이었다고 밝혔다. 그녀는 얼굴 가득 미소를 띠고 이 활동을 앞으로도 확실히 계속해 갈 것이라 힘차게 말했다.

10억 명의 유대감

스타워즈가 개봉될 때마다 스타워즈는 영화산업뿐 아니라 전 세계에 많은 영향을 끼쳤다고 홍보된다. 돌비 사운드 EX, 버츄얼 세트, 풀 디지털 촬영, 디지털 상영……. 정말 일일이 셀 수 없다. 하지만 나는 제작자와 팬이 일체가 되어 실현한 세계적

규모의 자선 활동이야말로 가장 가치 있는, 그리고 의미 있는 영향이라고 생각한다. 단 한편의 영화가 아직도 제작 중인데도 그렇게나 많은 것들을 일궈낸 것이다.

"반쯤 어른인 소년에게 혹은 반쯤 소년인 어른에게 한 때의 즐거움을 주기를"

셜록 홈즈의 저자 코난 도일이 쓴 SF모험소설 『잃어버린 세계』의 앞머리에 쓰여 있는 이 문장은 루카스가 스타워즈를 제작할 때 항상 염두에 두는 말이다. 이 말대로 루카스의 도전은 대성공을 거두었고 1977년 첫 작품이 개봉된 이래 스타워즈는 시공간을 뛰어넘어 계속해서 사랑을 받아왔다. 그것은 이 영화가 여러 세대가 공통적으로 가지고 있는 꿈꾸는 마음과 진지하게 마주해 왔기 때문일 거다. 어떤 사람은 용기를 얻고, 어떤 사람은 로맨스를 느끼며 또 어떤 사람은 인생 그 자체에 영향을 받았다. 가까운 친구와 나누는 영화에 대한 정열은 이윽고 얼굴도 보지 못한 팬들 사이의 교류로 이어졌고, 시간이 지나 그것은 부모와 자녀 사이의 공통된 화제로 변화했다. 지금 팬들의 유대는 세대뿐 아니라 국경을 넘어 계속해서 퍼져가고 있다. 앞에서 언급한 '501st Legion'은 미국을 본거지로 하고 있지만 현재는 중국, 러시아, 중동에도 지부가 있다. 거기에는 정치적 혹은 종교적인 대립 따위는 존재하지 않는다. 단지 '스타워즈'라는 공통 언어가 있을 뿐이다.

2015년 4월에 애너하임에서 진행되었던 셀레브레이션7 석상에서 루크 스카이워커를 연기했던 마크 해밀은 회장을 가득 채운 팬들을 향해 이렇게 말했다. "우리들은 이미 거대한 가족입니다. 모두 형제입니다!" 특정 영화의 팬들에게 이러한 감정은 특별히 드문 것은 아닐지도 모른다. 단지 스타워즈를 본 사람들은 세계에 약 10억 명이나 있을 뿐이다. 그 '10억 명의 유대감' 속에 단지 막연히 '좋다'고 생각하는 것만으로는 어쩌면 조금 쓸쓸하다. 그러니 우리들도 스타워즈에 대해 생각하며 답을 생각해내지 못하더라도 계속해서 의식을 가지고 이미 '문화'가 된 스타워즈를 지켜보아야만 한다.

제2장
영화 역사와 스타워즈

ABOUT STAR WARS

STAR

제2장 영화 역사와 스타워즈

WARS

스타워즈 기획을 묵살한 영화사들

1978년, 미국보다 약 일 년 늦게 일본에서 개봉된 <스타워즈>는 모든 나라에서처럼 전례 없는 흥행을 거두었다. 미디어가 앞다투어 스타워즈를 다루었고, 홈비디오가 없던 시절이라 영화관이 아니면 영화를 다시 접할 수 없었던 팬들은 기사들을 뒤지듯이 읽었다. 특집 기사 중에는 스타워즈 기획을 수용한 덕분에 회사를 경영난에서 구해낸 20세기 폭스사의 제작 부장 앨런 래드 주니어에 관한 것도 있었다. 반면 기획을 무시한 회사를 소개한 기사들도 있었는데 하나같이 "놀랍다", "아깝다", "믿을 수 없다" 는 식의 논조를 띠었으며, 세계적으로 크게 히트한 작품을 놓친 책임을 물어 담당 책임자가 잘렸거나 좌천되었다는 내용을 싣기도 했다. 당시 중학교 2학년이었던 나는 친구들과 함께 기사를 읽으며 "세상에, 이런 기획을 무시했어? 바보야 뭐야?"하며 언성을 높였던 기억이 있다.

물론 스타워즈를 알아보지 못한 경위는 그렇게 단순하지만은 않았다. 대죄를 지은 영화사들은 바로 유나이티드 아티스트(이하 유나이티드)와 유니버설을 말한다. 유나이티드의 책임자는 데이비드 픽커(엄밀하게는 아니지만, 그것은 뒤에서 설명하기로 한다)였고 유니버설의 책임자는 네드 타넨이었다. 폭스사가 <스타워즈> 기획을 어떻게 수용할 수 있었는지를 알아보기 전에, 먼저 실패담부터 들어보자. 그리고 무엇보다 궁금한 것은 조지 루카스가 왜 이 두 회사를 먼저 찾아갔는지가 아닐까?

배급 교섭권의 행방

루카스의 데뷔작 <THX1138>은 1971년 5월에 개최된 칸 영화제의 비평가 주간에 올라 있었다. 영화제의 중요한 역할 중 하나는 작품과 기획을 설명하고 구입하는 것이기 때문에, 루카스도 유나이티드의 관계자를 만나 미래의 기획인 <아메리칸 그래피티>와 <스타워즈>에 대해 설명했고, 유나이티드는 'first look(누구보다 먼저 기획을 검토할 수 있는 권리)'을 루카스로부터 얻어냈다.

<THX1138>은 워너브라더스가 배급했는데 완성된 영화를 두고 추가 작업, 다시 말해 몇 개의 컷을 수정하도록 강요당한 루카스는 워너에게 분노를 느끼고 있었다. 그 때문에 새로운 파트너로서의 가능성을 유나이티드에서 찾았던 것이다. 그런데 유나이티드가 <아메리칸 그래피티>의 기획을 계약하지 않자, 루카스는 다음으로 유니버설과 접촉했고, <대부>로 명성을 얻게 된 프란시스 포드 코폴라가 제작 총지휘를 맡는 조건으로 계약을 하게 되었다. 이런 경위로 <아메리칸 그래피티>가 개봉되고 나자, 루카스의 차기작은 유나이티드에 이어 유니버설의 순서로 교섭권을 가지게 되었던 것이다.

<아메리칸 그래피티>가 개봉되었던 1973년에 <스타워즈>의 시놉시스는 수 페이지에 불과했다. 때문에 두 회사 모두 어떤 결정을 내리기는 어려운 상태였고 다만 교섭권을 유지한 채로 시나리오가 보다 완성되기를 기다리고 있었다. 이 무렵 <THX1138>을 보고 감명 받은 폭스의 앨런 래드 주니어는 <아메리칸 그래피티>가 개봉되기도 전에 루카스를 은밀하게 졸

라 <아메리칸 그래피티>의 프린트를 입수할 수 있었다. 앨런은 영화의 재미에 흠뻑 빠졌고 루카스의 재능에 확신을 가지게 되었던 것이다. 그렇지만 20세기 폭스는 <스타워즈>에 관해 루카스와 동의서를 교환하고 기획을 제작하는 쪽으로 진행해 가면서도, 앞의 두 회사가 가진 교섭권 때문에 정식 계약서를 꾸밀 수는 없었다.

20세기 폭스의 의도

1975년 8월 1일, 루카스는 <스타워즈>의 최종 시나리오에 근접한 세 번째 시나리오를 마무리했고, 그때부터 각 영화사와의 교섭을 적극적으로 추진하게 된다. 그 해 2월 루카스는 두 번째 시나리오를 완성했고, 폭스는 "이 기획을 취소하고 다른 회사와 제작을 할 경우 지금까지 지불된 경비 일체를 루카스 쪽이 변제한다."는 내용의 동의서를 '스타워즈 코퍼레이션(루카스 필름과는 별도의 스타워즈 전문 제작회사)'과 나누었다. 다시 말해 루카스는 형식적으로는 세 번째 시나리오를 가지고 교섭에 나섰지만 이미 두 번째 시나리오를 기반으로 폭스와 실질적인 제작에 들어갔던 것이다. 폭스는 어느 정도까지 진심이었던 것일까? 적어도 손해를 보지 않는 선을 유지할 수 있었더라도, 진심으로 <

스타워즈>를 원했다면 그들 나름대로 속앓이를 했을 것이 틀림없다. 몇 년 동안 들여다보던 기획이 다른 영화사로 넘어간다면? 물론 할리우드에는 이런 경우가 드물지 않아서 생각만큼 큰 문제가 아니었을지도 모르지만 말이다.

"나라면 관여하지 않을 것이다."

여기서부터 픽커와 타넨이 등장하게 된다. 1970년부터 유나이티드의 CEO를 맡고 있던 픽커는 실제로 1973년 유나이티드를 퇴사하고 독립 프로덕션을 설립했었고, 1976년에는 파라마운트 대표로 취임했다. 따라서 1975년 가을 <스타워즈>에 대한 최종결정 단계에서 그는 유나이티드에 없었던 것이다. 그럼에도 불구하고 혐의를 픽커에게 두는 것은 아마도 73년의 시놉시스 단계로 문제를 소급하기 때문일 것이다. 픽커는 최종판단을 뒤로 미루고 유나이티드를 떠나고 말았다. 언급했듯 교섭권은 유나이티드에게 있었고, 유니버설도 같은 입장이었다. 유니버설이 <스타워즈>에 대해 고개를 저은 지 10일 만에 폭스는 긍정적인 태도를 보였지만, 이 시점의 폭스는 기획을 지켜보겠다는 입장에서 크게 벗어나지 않고 있었다.

결국 유나이티드와 유니버설이 최종 결정을 내린 것은 1975

년 10월 말 경이었고, 그에 앞선 10월 13일, 유나이티드 최초의 여성 부사장이 된 마샤 나사티아는 제작책임자 마이크 메다보이 앞으로 <스타워즈>에 관한 편지를 보낸다. 편지에서 나사티아는 우선 "이 기획이 매우 좋다고 생각한다."고 찬사를 보내는 한편 "이 기획은 여러 세대의 '어린이들'을 대상으로 한 영화"라고 간파하고 있다. "시각적인 면에서 큰 획을 그을 작품이 될 것"이라고 판단하면서도 "엄청난 제작비가 들 것"을 염려한다. 그리고 본심을 토로한다. "어떻게 저예산으로 만들 것인가, 나는 잘 모르겠다. 나라면 관여하지 않을 것이다. 리스크가 너무 크다."라는 글로 마무리하고 있다.

그 무렵 유니버설에서도 비슷한 대화가 오고갔다. 보낸 사람과 받는 사람은 밝혀지지 않았지만, 유나이티드와 마찬가지로 <스타워즈> 기획을 진행할 것인지 여부에 대해 고심한 1975년 10월의 메모가 남아있다. "우리들로서는 일종의 도박일 수 있지만 개인적으로는 흥미 있는 기획이라고 생각한다."고 하면서도 "한편 각본의 내용을 영상화하기는 어렵지 않을까 생각한다. 특히 R2-D2와 C-3PO가 걱정이다."며 염려를 내비치고 있다. 또 "영상화에 성공했다고 하더라도 극중의 선과 악을 관객이 어떻게 구분해낼지 의문이 남는다."고 쓰고 있다.

아무튼 숨겨진 배경은 이상과 같다. 유니버설에서는 타넨이,

유나이티드에서는 메다보이가 기획을 포기하는 쪽으로 최종 결론을 내렸을 것이라고 추측할 수 있다. 결국 폭스는 같은 해 12월 제작을 승인하고 다음 해 최종 계약을 체결했다.

영화사상 최악의 판단은 왜 내려졌는가

이 판단은 이후 '영화사상 최악의 판단'이라고까지 야유 받았지만 유나이티드와 유니버설의 중역들은 정말로 바보였을까. 최초로 기획을 물렸던 픽커는 60년대 초에 유나이티드에서 사장 보좌역을 맡으면서 그 유명한 <007 시리즈> 획득에 막대한 공헌을 한 인물이다. 또 <한밤중의 카우보이>와 <라스트 탱고 인 파리> 등을 맡았으며, 파라마운트로 이적한 후에도 <토요일 밤의 열기>, <그리스>, 아카데미 작품상을 수상한 <보통 사람들>도 제작한 경험이 있다.

메다보이는 아카데미 작품상을 수상한 <뻐꾸기 둥지 위로 날아간 새>, <로키>, <애니 홀> 제작에 관여했고, 그 외에도 <지옥의 묵시록>, <레이싱 블루>, <네트워크>, <플래툰>, <아마데우스>, <터미네이터>, <터미네이터2>, <양들의 침묵> 등 그 실적은 매우 눈부시다고 할 수 있다.

나사티아는 메다보이와 마찬가지로 <뻐꾸기 둥지로 날아간

새>, <로키>와 <캐리> 제작에 관여했고, 단독으로도 <햄버거 힐>, <엉겅퀴 꽃>, <버티컬 리미트> 제작을 맡은 인물이다. 2013년에는 '할리우드의 선구자'로 『할리우드 리포터』 지에 특집으로 다루어졌을 정도다.

이런 경력을 보더라도 그들은 바보가 아니다. 그렇다면 그들은 왜 잘못된 판단을 내렸던 것일까? 그들이 나누었던 의견을 곱씹어보면 <스타워즈>의 가능성을 알아보았던 것만은 틀림없다. 그리고 공통적으로 제작비 문제에 대해 언급하고 있다. 나사티아는 과연 이 영화를 저예산으로 제작할 수 있을지 모르겠다고 했으며, 유니버설의 담당자도 "로봇이 걱정"이라고 쓰고 있다. 하지만 1972년 유니버설은 저예산으로 <싸일런트 러닝>을 만들었던 실적이 있었다. 이 작품에 등장하는 휴이, 듀이, 루이라는 세 소형 로봇은 R2-D2를 만드는 데 있어 크게 가능성을 제시하고 있으며 실제로 루카스도 참고했다고 밝힌 적이 있었다. C-3PO에 관해서는 프리츠 랑 감독의 <메트로폴리스>(1927)에 등장하는 마리아가 모델이 되었는데, 이는 인간 마리아를 연기한 배우 브리짓 헬름에게 인형 옷을 입힌 것에 지나지 않았다. <메트로폴리스>는 막대한 제작비가 들었지만 마리아를 위한 비용은 대단치 않았다. 엑스트라를 포함해서 약 4만 명이나 되는 캐릭터, 50대나 되는 특수 자동차, 거기에 수많은 특수 시각 효과가 쌓여 발생한 경비였다. 실제로 루카스도 C-3PO를 마리아와 마찬가지 방법으로 영화에 등장시켰으며 최종적으로 약 1000만 달러의 제작비로 <스타워즈>를 완성시켰다. 이는 같은 시기 <미지와의 조우>(1977) 제작비의 반 정도의 예산이다.

간과한 SF 수요

결과적으로 유나이티드도 유니버설도 당시 업계 수준에 입각해서 판단을 내렸던 것이다. 1968년 <2001스페이스 오디세이>는 특수 시각 효과를 비약적으로 진보시켰는데 그것은 막대한 예산을 투입한 결과였다. 그 수준을 유지하면서 액션 장면을 제작하기 위해서는 근본적으로 특수 시각 효과를 개혁할 필요가 있었지만 당시 대중들이 SF를 원하지 않는다고 판단했다. 이것이 <스타워즈> 제작을 포기한 원인이었다.

한편 루카스는 획기적인 특수 시각 효과 전문회사, 인더스트리얼 라이트 앤 매직(ILM)을 세우며 자신이 만들어내고 싶은 영상을 실현할 수 있는 시스템을 만들었다. 그것은 '필요는 발명의 어머니'라는 격언을 실천한 것으로 <스타워즈> 제작을 포기한 회사의 중역들은 애당초 특수 시각 효과에 대해 필요성을 느끼지 못했던 것이다. 첫 번째 이유는 SF영화의 수요가 적었다는 점이다. 그러나 <스타워즈>가 역사적으로 흥행하고 뒤이어 SF영화 붐이 일어났던 것을 생각해보면 표면적으로 SF영화의 수요가 적었을 뿐 잠재적인 수요가 있었던 것을 알 수 있다.그렇다면 왜 영화사에서는 대중의 욕구를 알아채지 못했던 것일까? 여기에서는 영화 산업의 역사를 풀면서 그 원인을 찾아보려고 한다.

버려진 장르의 부활

"우리들은 영화의 역사를 만들고 있다." 인디아나 존스 <레이더스: 잃어버린 성궤를 찾아서>(1981)의 제작 첫 모임에서 원안과 제작총지휘를 맡은 루카스는 감독인 스필버그, 각본을 쓴 로런스 캐즈던, 프로듀서인 프랑크 마셜을 앞에 두고 그렇게 말했다고 한다. 이 말에는 루카스에게 대중이 원하는 영화가 어떤 것인지를 시사하고 있다. 이는 영화 역사에서 잊혀진, 그러나 진정한 오락 장르를 부활시키겠다는 뜻으로 풀이할 수 있다. 스타워즈도 마찬가지이다. 스타워즈는 SF활극 혹은 히어로 판타지의 부활을 의미한다. <레이더스: 잃어버린 성궤를 찾아서>의 경우는 연속 모험 활극의 부활을 의미한다. 이들 장르는 영화 세계에서 오랜 기간 동안 스튜디오들에게도 관객들에게도 제대로 대접받지 못했던 영역이다.

그렇다면 왜 루카스는 버려진 장르에 매력을 느꼈던 것일까. 그리고 왜 이 장르는 버려지고 말았던 것일까? 그 이유를 알기 위해서는 역시 영화의 역사를 짚어보아야 한다.

초창기의 영화

1895년 뤼미에르 형제가 개발한 최초의 영화는 영상을 영사기에서 스크린에 투영하는 형태였다. 뤼미에르 형제로부터 영화의 역사가 시작된다. 그들이 제작한 <라 시오타역에서의 열차의 도착>에 얽힌 에피소드는 영화가 관객들에게 어떤 영향을 주었는지를 단적으로 말하고 있어 흥미롭다. 이 영화는 열차가 역에 도착하는 모습을 담은 50초에 불과한 영상이다. 관객들은 자신을 향해 쇄도하는 열차의 모습에 놀란 나머지 객석에서 도망쳤다고 한다. 이 일화는 영상을 경험한 적 없던 당시 사람들에게 이 새로운 체험이 얼마나 충격적이었는지를 잘 보여준다.

그 후 1902년 조르쥬 멜리에스가 <달나라 여행>을 발표함으로써 첫 SF영화가 탄생한다. 이때 이미 멜리에스가 여러 특수 시각 효과를 개발했던 것을 주목하자. 즉, 20세기에 들어가자마자, 영화가 탄생한지 아직 10년도 지나지 않은 시기에 영상에 의한 비일상 체험의 필요성을 생각하며 실행에 옮겼던 인물이 있었다. 영화 초기에는 열차 영상을 보고 도망칠 정도였지만, 이윽고 관객이 그것을 영상으로 인식하자 일상적 풍경의 일부가 되어 갔던 것이다. 그때부터 영화산업은 끊임없이 새로운 영상체험을 모색해야만 했다. 마술사였던 멜리에스는 순수한 엔터테이너로서 변덕스러운 관객의 기호를 잘 알고 있었기에 특수효과의 중요성을 간파하고 있었다. 현재도 계속되고 있는 영화산업의 새로움을 향한 도전은 영화가 시작되었던 때부터의 숙명이었던 셈이다.

영화는 그 후 무대 예술과 비교하면 '한 단계 아래'라는 평가를 받으면서도 대중과 친근한 오락으로서 지위를 확립해 간다. 그리고 D. W. 그리피스와 에이젠슈타인을 비롯한 전 세계의 영화감독에 의해 영화기법은 급속하게 가능성을 넓혀나가게 된다. 실제로 영화의 기본적인 문법 대부분이 무성영화 시대에 확립되었다. 기법이 다양화되었던 동시에 영화가 다루는 장르도 사극, 활극, 서부극, 로맨스 그리고 뮤지컬의 전신인 레뷰 영화 등으로 확장되어갔다. SF라는 장르가 태어나서 얼마 되지 않아 <해저 2만 리>(1907), <잃어버린 세계>(1925), <메트로폴리스

> 등 뛰어난 작품이 나타났지만 대중은 SF영화를 공상, 어린이 대상이라는 이미지와 연결시켰다. 그 때문에 오락영화의 세계에서 SF영화가 주류가 되는 일은 없었고, 그러한 편견은 <스타워즈>가 등장할 때까지 계속되었다. 결국 SF영화의 대부분은 주로 저예산의 연속 활극 중 한 장르로서 만들어지게 된다.

토키의 혁명

1927년 '소리가 나는' 토키 작품 <재즈 싱어>는 영화 산업에 최초의 혁명적 변화를 가져다주었다. 다음 해 창설된 아카데미상 제1회 작품상은 무성 영화 <날개>가 수상했지만, 2011년 무성영화 시대를 그린 프랑스 영화 <아티스트>가 수상할 때까지 모두 토키 영화가 수상했다. 제2회 아카데미 작품상에 <브로드웨이 멜로디>(1929)가 선정된 것이 상징하듯 토키라는 포맷을 손에 넣은 영화의 꽃은 뮤지컬이었다. 물론 <서부 전선 이상 없다> 같은 전쟁 영화, 베스트셀러를 영화화한 사극 <시마론>, 군상극의 원형이 된 <그랜드 호텔>, 그리고 코미디의 대명사 <어느 밤의 사건> 등 영화사에 남는 여러 명작들도 태어났다.

그러나 당시의 대중이 열광했던 것은 화려한 무대와 의상 그리고 어빙 바린, 제롬 칸, 조지 거슈윈 등 일류 음악가들이 작곡한 명곡으로 장식된 뮤지컬이었다. 바스비 바클레이가 연출한 군무 뮤지컬부터 프레드 아스테아가 이끈 스타 뮤지컬 시대로 이행하면서, 뮤지컬은 계속해서 사람들을 매료시켰다. 그 배경에는 1929년 세계를 혼란으로 빠뜨렸던 대공황의 영향이 있었다. 대중은 괴로운 일상을 잊기 위해 뮤지컬을 선호했다.

B급 영화의 탄생

한편 영화에 시선을 돌릴 여유가 없었던 관객들의 상황은 관객 동원의 저하를 가져왔다. 타개책으로 영화업계는 'B급 영화'라는 포맷을 생각해냈다. 한 편 가격으로 두 편을 볼 수 있는 B급 영화는 불황으로 어려워진 관객의 호주머니 사정을 위한 고육지책이었다. 지금껏 본편에 덤처럼 붙던 단편과 연속 활극 대신에 두 편의 장편을 보여 준 결과 영화 스튜디오는 영화를 양산해야만 했다. 이런 영화들은 A급 영화의 십분의 일에 불과한 예산, 무명 캐스팅, 2주 이하의 제작일수라는 제약 속에서 만들어졌고 B급 영화라고 불리게 되었다. B급 영화는 대부분 괴기물(지금의 호러 영화), 미스터리, 서부극, 갱 영화, SF로 구성되었다.

그 후 B급 영화에서 존 웨인, 찰슨 브론슨, 잭 니콜슨과 같은 대스타가 태어나기도 했고, B급 영화는 젊은 감독을 수련시키는 역할도 했다. 1970년대 이후 'B급 영화의 제왕'으로 불린 로저 코먼을 비롯해 프랜시스 포드 코폴라, 피터 보그다노비치, 조나선 데미 등 수많은 재능이 꽃을 피웠다. 이런 와중에서도 연속 활극은 제작이 계속되었다. 존 캐롤 주연의 <쾌걸 조로>(1937) 시리즈로 대표되는 모험 활극은 후에 <인디아나 존스>를 탄생시켰으며, 버스터 크랩 주연의 <백 로저스>와 <플래쉬 고든>을 거쳐, SF활극은 우여곡절을 겪은 끝에 <스타워즈>라는 결실을 맺게 된다.

스타워즈의 원류

약 30분짜리 에피소드가 12화에서 15화 정도의 편수로 상영된 연속 활극은 1941년에 미국에서 시작된 텔레비전의 포맷 중 하나가 된다. 3개월을 주기로 30분짜리 영상물을 12회 방영하는 식이다. 실제로 연속물은 이 포맷에 딱 들어맞았고, 나중에는 그대로 TV에서 방영되기도 했다. 1954년 스티븐 홀랜드 주연의 <플래쉬 고든>이 TV시리즈로 만들어졌는데, 같은 시기에 버스터 크랩이 주인공을 맡은 시리즈도 방송되었으며, 같은 타이틀을 가진 방송이 혼재했기 때문에 크랩이 주인공을 맡은 시리즈는 <스페이스 솔저스>로 타이틀을 바꿔 방송했다고 한다.

조지 루카스는 1944년생인데, 그가 어렸을 때 친근했던 플래쉬 고든 연속 활극은 크랩 판이라고 생각할 수 있겠다. 크랩 판에서는 <스타워즈>가 극적으로 부활시킨 '오프닝 크롤(문자가 화면 아래부터 위쪽으로 끌려올라가며 이야기의 배경을 설명하는 것)'이 매회 나오기 때문이다. 이야기가 옆으로 새겠지만 이 오프닝 크롤에 대해 덧붙이고 싶다. 이 스타일은 오늘날 '플래쉬 고든과 같은 연속 활극에서 쓰였던 스타일'로 소개되지만, 77년 <스타워즈>가 처음으로 개봉되었을 때는 "정다운 '대평원' 스타일로 문자가 위로 끌려 올라가는…" 이라고 자주 소개되었다. 여기서 언급된 '대평원'이란 세실 B. 데밀이 감독하여 1939년 개봉한 서부개척 대작 사극이다. 오프닝 크래딧이 화면 안쪽에 뻗어있는 열차의 레일에 따라 끌려 올라가는 형태였기 때문에 화면 아래부터 글자가 조금씩 위로 올라가는 방식을 '대평원 스타일'이라고 불렀던 것이다.

크랩 판 <플래쉬 고든>은 총 세 시리즈로 구성된다. 첫 작품 <플래쉬 고든: 스페이스 소설>이 1936년에, 두 번째 작품 <플래쉬 고든: 고든 마스 어택>이 1938년에, 세 번째 작품 <플래쉬 고든: 수수께끼 혹성 몽고>가 1940년에 제작되었다. 첫 작품 <스페이스 소설>에서는 타이틀이 나오고 단순히 내용을 글자로 설명하는데, 두 번째 <고든 마스 어택>에서는 일러스트가 더해진 그림연극 스타일이다. 세 번째 <수수께기 혹성 몽고>에서 비로소 '대평원 스타일'로 문자가 끌려올라간다. 이것은 전년 개봉된 <대평원>을 본 제작자가 마음에 들어 다음 작품에서 채용했다고 볼 수 있다. 그 때문에 <스타워즈>의 오프닝 크롤을 '대평원 스타일'이라고 부르는 것이며, <플래쉬 고든>에서 직접 영향을 받은 것이기도 하다.

이분화된 SF 조류

이야기를 원래대로 돌려보자.

TV의 등장에 따라 SF연속 활극이 스크린에서 브라운관으로 발표의 장을 옮겼을 무렵, 장편 SF영화의 세계는 오락성 높은 작품과 진지한 메시지를 던지는 작품이 혼재되어있었다. 1951년에는 로버트 와이즈 감독의 <지구가 멈추는 날>이 개봉되고, 1953년에는 <혹성 어드벤처>와 <우주전쟁>, 1955년에는 <This Island Earth>, 1956년에는 <금단의 혹성>이 개봉되었다. 그리고 1959년 스탠리 클레이머 감독이 <온 더 비치>를 발표했을 때부터 SF는 진지한 테마를 가진 비교적 차분한 장르가 되어간다. 예를 들면, 1962년에는 존 윈덤의 SF소설 『트리피드 시대』를 영화화한 <인류SOS!>가 개봉되었고, 1966년에는 프랑수아 트뤼포가 레이 브래드버리의 원작을 영화화한 <화씨 451>를 발표했다. 같은 해에는 아이작 아시모프가 기획·협력한 <마이크로의 결사권>도 만들어졌는데 오락적 요소가 가득한 데다가 라켈 웰치의 매력이 더해져 인기를 누렸다.

1968년에는 <2001 스페이스 오디세이>와 <혹성탈출>이 개봉되어 센세이션을 일으켰다. <2001 스페이스 오디세이>는 대표적인 'Hard SF' 작품이다. 오락 영화로 볼 수 있는 <혹성탈출>도 유명한 라스트 신에서 보듯, 냉전시대에 대한 경종을 울리는 통렬한 풍자가 인상적인 작품이다. 관객과 비평 모두에서 좋은 평가를 받은 두 작품은 이후 장편 SF의 방향을 결정했다. 1969년에는 <우주 탈출>이, 71년에는 <쥬라기 공원>의 저자 마이클 클레이튼의 출세작 『안드로메다 병원체』가 영화화되었다. 큐브릭의 문제작 <시계태엽 오렌지>, 그리고 루카스의 <THX1138>도 1971년에 개봉되었다. 1972년이 되자 <2001 스페이스 오디세이>에 참가했던 VFX의 대가 더글라스 트럼블이 감독을 맡은 <싸일런트 러닝>, 커트 보네거트의 소설을 영화화한 <내일을 향해 쏴라!>를 연출했던 조지 로이 힐의 <제5도살장>, 스타니슬라브 렘의 원작을 소비에트의 거장 타르코프스키가 감독한 야심작 <솔라리스>가 개봉된다. 1973년에는 <돌고래 알파>, <소일렌트 그린>, <이색지대>, 1974년에는 <자도

스>, <다크 스타>, 1975년에는 <죽음의 경기> 등이 개봉되었다.

1975년에는 B급 영화의 왕인 로저 코먼이 <죽음의 경주>을 제작했는데 재미있기는 했지만 B급 영화의 한계를 벗어나지는 못했다. 메이저 영화의 주류는 Hard SF였으며, SF모험활극은 과거의 것이 되어 있었다. 이런 현상은 많은 것을 시사하고 있는데, 이를 정확히 읽어내지 못한 영화 관계자들은 수년 후 위태로운 입장에 놓이게 된다.

디즈니의 압도적인 힘

여기서 SF 이외의 영화업계의 흐름을 살펴보자. 대중의 호응이라는 관점에서 1950년에서 1969년에 이르는 20년 동안의 전미 연간 흥행 수입 1위에 오른 20개 작품과 흥행 수입을 살펴보려고 한다. 영화정보사이트 'BOX OFFICE MOJO'에 따르면 1951년의 평균 입장료는 53센트로, 1969년이 되면 1달러 42센트로 오르는데, 애니메이션과 뮤지컬을 제외하면, 모두 진지한 테마를 다룬 사극, 서부극, 전쟁 영화가 다수를 점하고 있다.

주목해야 할 것은 디즈니 애니메이션의 압도적인 힘이다. 특히 1억 5300만 달러를 기록한 1961년의 <101마리 달마시안>은

년도	연간 최고 흥행작	전미 연간 흥행 수입
1950	신데렐라	3410만 달러
1951	쿼 바디스	3000만 달러
1952	This is Cinerama	4160만 달러
1953	피터팬	8740만 달러
1954	이창	2600만 달러
1955	레이디와 트램프	9360만 달러
1956	십계	8540만 달러
1957	콰이 강의 다리	3330만 달러
1958	남태평양	3680만 달러
1959	벤 허	7300만 달러
1960	사랑을 합시다	4480만 달러
1961	101마리 달마시안	1억 5300만 달러
1962	서부 개척사	4650만 달러
1963	클레오파트라	5780만 달러
1964	메리 포핀스	1억 230만 달러
1965	사운드 오브 뮤직	1억 6320만 달러
1966	누가 버지니아 울프를 두려워하랴	2800만 달러
1967	정글 북	1억 4180만 달러
1968	퍼니 걸	5850만 달러
1969	내일을 향해 쏴라	9670만 달러

출처 : Third Millennium Entertainment

특별하다. 같은 해에 <웨스트사이드 스토리>가 롱런하며 흥행에 성공했음에도 불구하고, 4370만 달러로 2위에 만족해야했다. 놀랍게도 <101마리 달마시안>은 <웨스트사이드 스토리>

의 흥행 수입을 세배 이상 넘어섰다.

1950년대와 1960년대는 할리우드 영화의 대 전환기로, 표현 방법에도 많은 변혁이 일어났다. 다른 영화사들은 왜 '어린이 영화'에 주목하지 않았던 것일까? '어린이 영화'로 간주되어 개봉 전까지 비관적인 예측에 휩싸였던 <스타워즈>가 역사적 흥행을 기록한 사실을 디즈니 애니메이션을 통해 이미 예측할 수 있었는데도 말이다.

아이와 어른을 동시에 매료시키다

아이가 있는 사람이라면 잘 알 것이다. 아이들은 마음에 든 콘텐츠는 반복해서 즐기려고 한다. 방금 전에 읽은 그림책을 "다시 처음부터!"라고 조르는 아이들도 많다. 디즈니 영화의 등급은 'G', 즉 아무런 제한이 없는 장르가 대부분인데, 아이들끼리만 영화관에 가는 일은 없기 때문에 당연히 어른이 동반하게 된다. 그리고 아이들은 금세 "또 보고 싶어!"라고 말한다.

TV가 있어도 큰 스크린에서 펼쳐지는 영상체험은 아직까지 타의 추종을 불허한다. 결과론이지만 아이들뿐 아니라 어른도 푹 빠지게 할 수 있다면 그 영화는 성공을 보장받은 것이나 다름없다. 전형적인 예가 스타워즈다. 하지만 아이들을 대상으로

한 콘텐츠에 대한 편견은 스타워즈 이후로도 계속되었다. 급속하게 세계관을 확산시키며 지금은 스타워즈를 넘어설 기세로 인기를 모으고 있는 '마블 시네마틱 유니버스(MCU)' 작품들도, 첫 개봉작 <아이언맨>을 영화화할 때 어린이 대상이라는 이유로 서른 명이나 되는 각본가들에게 거절당했다고 한다. 그렇다면 어린이 영화를 경원시하던 영화업계 사람들은 어떤 작품을 만들고 싶어 했던 걸까? 그것은 할리우드 메인 스트림 장르일 것이다. 하지만 그런 장르가 모두 한계에 부딪힌 상태에 빠졌다는 것을 제대로 간파한 제작자는 거의 없었다.

영화는 어떻게 막다른 골목에 부딪혔는가

1935년 테크니컬러를 채용한 첫 총천연색 장편영화 <허영의 시장>이 개봉됨으로써 토키에 이어 제2의 혁명이 도래했다. 이후에도 영화는 오락의 왕으로 군림하며 1940년대 말까지 황금시대를 구가했으나, 서서히 그리고 확실하게 TV는 영화의 뒤를 좇고 있었다. 영화는 와이드스크린을 내세워 보다 박력 있는 화면으로 가정에서는 맛보지 못하는 영상 체험을 제공하는 미디어로 변모한다. 그것은 불가피한 변화였으나 결과적으로는 영상 표현의 가능성을 비약적으로 넓혀주게 된다. 그 후 블록

버스터 스펙터클 영화와 서사시적 역사물, 뮤지컬이 인기를 모으게 된다. 루 월레스의 베스트셀러를 세 번이나 영화화한 <벤허>와 같은 사극, 코넬리우스 라이언의 베스트셀러 논픽션을 영화화한 <지상 최대의 작전>으로 대표되는 전쟁 영화, 브로드웨이에서 크게 히트한 뮤지컬을 영화화한 <마이 페어 레이디>, <사운드 오브 뮤직>이 그것이다. 이들 작품의 공통점은 영화 이외의 매체에서 절대적인 성적을 거두었다는 것이다. 자연스럽게 영화업계는 베스트셀러 소설을 영화화하거나 크게 히트한 무대예술을 영화화하는데 몰두한다. 하지만 큰 번영 뒤에 이어지는 것은 어느 시대도 쇠퇴이다. 수많은 명작을 낳은 영화라는 매체는 표현 방법으로서는 정점에 달해 있었다.

이러한 흐름과 겹치듯이 세계에서는 새로운 표현 방법이 모색되고 있었다. 프랑수아 트뤼포와 장 뤽 고다르로 대표되는 '누벨바그'를 필두로, 교착상태에 빠져있던 영화 기법을 타파할 젊고 새로운 재능이 1950년 말부터 개화했던 것이다. 뉴웨이브는 이윽고 할리우드에도 밀어닥쳐 '아메리칸 뉴 시네마'가 등장하는데, 이에 대해 자세한 설명은 이 책의 목적이 아니므로 이 정도로 언급해두도록 하자. 여기서는 할리우드 영화에 변혁을 가져다준 다른 요인에 주목하고 싶다.

서부극의 융성

미국은 아시아, 유럽 등과 다르게 긴 역사를 가지고 있지 않다. 미국은 현재 건국한 지 약 240년이 되었고, 첫 서부극 <대열차강도>가 개봉되던 1903년 당시는 건국한 지 겨우 127년이 경과했을 뿐이었다. 그 때문에 미국을 무대로 한 이야기는 필연적으로 <서부개척사>와 같이 서부개척의 역사를 다룬 영화, <국가의 탄생>과 같이 남북전쟁을 그린 영화, <바람과 함께 사라지다>와 같이 서부개척과 남북전쟁을 배경으로 벌어지는 장대한 드라마 등의 진지한 영화부터, <대열차강도> 같은 범죄물, <역마차>와 <황야의 결투>로 대표되는 히어로 물까지 다방면에 걸친다. 위의 영화는 옛 시절에 대한 향수에 힘입어 넓은 의미에서 '서부극'이라는 장르를 형성했고, 오락 영화로 자리매김한다.

소설에 이어 그것을 원작으로 한 많은 서부극 영화가 만들어졌다. 1902년에는 오웬 위스터의 『버지니안』이 좋은 평을 받았고, 1914년 세실 B. 데밀이 영화화한 것을 계기로 1929년 게리 쿠퍼가 주연한 것을 포함해 여러 번 영화화되었다. 그 외에도 어니스트 헤이콕스 원작의 <역마차>와 <대평원>, 존 W. 커닝험 원작의 <하이 눈>, 앨런 르 메이 원작의 <수색자>, <용서받

지 못한 자>, 잭 쉐퍼 원작의 <셰인> 등 많은 영화가 소설을 원작으로 하고 있다. 서부극은 인기 장르였기에 대중의 수요도 많았고, 편수도 많아졌다. 결과적으로 정통 소설은 A급 영화로, 대중 소설은 B급 영화로 슬며시 나뉘어 갔다.

20세기 초까지 오락 장르로서 SF나 미스터리, 호러 소설도 서부극과 마찬가지로 일정한 수요를 획득하고 있었다. 이런 소설들은 펄프 매거진 같은 대중 잡지에 주로 게재되었다. 그 과정에서 펄프 매거진이 저속하다는 이미지가 팽배해지면서 대중들로부터 보편적인 지지를 얻지 못하게 되었다. 게다가 일부를 제외하고 대체로 서부극과 같은 역사의 무게와 역사적 사건에 의해 흔들리는 인간군상을 그려내기 어려웠던 점도 이들 장르가 오락의 주류가 되지 못했던 이유일 것이다.

원숙기를 맞이한 서부극

급속하게 시장이 확대되고 영화와 소설에서 많은 작품이 쏟아져 나왔던 서부극은 일찍이 성장하는 가운데 전환기를 맞이하게 된다. 1915년의 <국가의 탄생>은 인종차별적이라는 비난을 받으며 상영금지운동까지 일으켰다. 악역으로 그려졌던 아메리카 원주민인 '인디언(이 호칭은 후에 '네이티브 아메리칸'으로 바뀐다)’을 부당하게 다루었기 때문이다. 훗날 원주민에 대한 차별에 항의한 말론 브란도가 아카데미 남우주연상 수상식 참가를 거부하는 사태로 번진다. 1950년대에는 인디언을 악역으로 다루지 않고 그들의 문화와 상황을 이해하려는 작품, 악덕목장주의 폭거에 맞서는 사람들을 그린 작품이 늘었다. 이런 변화는 결과적으로는 서부극에 장르로서의 깊이를 주었고 후세에 남는 명작이 차례로 만들어지는 원인이 되었던 것이다.

그러나 그것은 성숙인 동시에 쇠퇴의 전조이기도 했다. 세상에서 가장 빠른 총잡이와 반대로 허약한 주인공이 용기를 짜내어 악에 맞서는 모습은 흐뭇하지만, 오랜 기간 비슷한 스토리가 반복되자 관객들도 질리기 시작했다. 서부극의 대명사였던 존 웨인도 <리오 브라보>, <리버티 밸런스를 쏜 남자>, <엘 도라도> 등의 작품에서 기염을 토했으나 대망의 오스카를 수상한 <진정한 용기>(1969)에서 정점을 맞이했다. 7년 후 <마지막 총잡이>에서 최후의 총잡이를 연기하면서 자신의 캐리어를 끝냈던 것이다. 결과적으로 서부극은 ‘권선징악’이라는 골조를 빼앗기고 말았다. 대신 샘 페킨파가 <와일드 번치>에서 그린 폭력 묘사는 시대를 풍미하게는 되었지만 역시 주류에는 들어갈 수 없었다.

왜 관객들은 서부극에 싫증났는가

관객들은 서부극에 싫증나 버렸다. 서부극을 사랑하는 팬들은 언제나 존재했지만 관객 대다수는 서부극을 원하지 않았다. 대중은 언제나 새로운 자극을 바란다. 영화가 처음 등장했을 때 화면을 향해 질주해 오는 열차에 놀랐던 사람들이 순식간에 영화라는 미디어에 적응했고, 어느새 그런 것에는 흥미를 가지지 않게 되었다. 마찬가지로 관객은 반복되는 서부극의 패턴에 신선한 매력을 느끼지 못하게 되었다. 서부극은 과거를 그린 이야기다. SF처럼 달을 향한 모험이 화성으로, 이윽고 은하계 규모로, 우주 규모로 확장되어 가며 세계관을 무한히 확대할 수 있는 SF와는 사정이 다르다. 서부극은 여러 이야기를 담고 있지만 닫힌 세계에서의 이야기일 뿐 장르로서는 한계에 이르렀던 것이다.

요즘도 서부극이 제작되기는 한다. 하지만 통쾌한 오락작품이었던 <진정한 용기>를 리메이크한 <더 브레이브>(2010)는 완성도는 높았지만 활극으로서의 카타르시스는 없었고 사색적인 작품으로 변모하고 말았다. 하긴 그런 변화를 주지 않는다면 새삼 리메이크할 필요는 없었을 테니, <더 브레이브>는 올바른 방법으로 리메이크를 한 셈이다. 그러나 비평가들은 좋아할지 모르지만 대중은 그렇지 않다. 대중은 압도적으로 불리한 상황에서 홀로 양손에 총을 가지고 질주하는 말에 올라타 호쾌하게 윈체스터를 휘두르며 탄환을 장전하는 주인공 루스터 카그번의 영웅적인 모습에 노골적으로 박수갈채를 보낸다. 그것이야 말로 서부극의 매력이며, 철학적이며 사색적인 작품은 어디까지나 지류에 불과하다. 이렇게 엔터테인먼트로서의 매력을 잃고 말았기 때문에 서부극은 쇠퇴해갔던 것은 아닐까.

물론 서부극의 매력을 되살리려는 노력은 계속되고 있다. <제국의 역습>과 <제다이의 귀환>, <레이더스>의 각본을 맡았던 로런스 캐즈던은 서부극의 진정한 재미를 응축시켜 수작 <실버라드>(1985)를 선보였다. 최근에는 쿠엔틴 타란티노가 B급 서부극의 향을 진하게 풍기면서도 현대적으로 업데이트시킨 <장고: 분노의 추적자>(2012)를 만들었다. 그럼에도 서부극이 완전히 부활할 정도로 영향력을 끼치지는 못했다. 그것이 서부극이라는 장르가 가진 한계일 것이다.

전쟁 영화의 변모

미국이 경험한 전쟁은 독립전쟁, 남북전쟁, 그리고 제1·2차 세계대전 등이 있는데, 오락 장르로서 확고한 지위를 쌓은 것은 제2차 세계대전을 배경으로 한 것이다. 2차 대전 전에는 채플린이 <위대한 독재자>(1940)를 통해 나치즘을 통렬하게 풍자했으며, 참전 중이었던 1942년에는 전시 멜로드라마의 걸작 <카사블랑카>가 개봉되는 등, 전쟁 영화는 시작부터 다양했다. 그 후 <지상에서 영원으로> 같은 드라마, <미스터 로버츠>와 <오퍼레이션 페티코트> 같은 코미디, 그리고 <콰이 강의 다리>, <지상 최대의 작전>, <대탈주>, 제1차 세계대전을 그린 <아라비아의 로렌스> 같은 작품이 흥행과 비평에서 훌륭한 결과를 남겼다. 그 외에도 <나바론 요새>, <상과 하>, <벌지 대작전>, <정오의 출격>, <특공 대작전>, <밀애>, <사막의 여우, 롬멜> 등 많은 전쟁 영화가 만들어졌다.

1960년대가 되자 현실은 예전 같은 작품을 제작하기 어려운 상황으로 빠지기 시작했다. 고착상태였던 베트남전의 그림자가 드리워지기 시작했던 것이다. 전쟁에 진전은 없었고 전쟁비용은 올라갈 뿐이었으며, 반전 시위가 인종차별 철폐운동, 학생운동과 맞물리면서 점차 확산되었다. 본국의 비판은 전장에 있는 병사들의 사기에도 적지 않게 영향을 끼치며 악순환이 계속되었다. 그런 상황 아래, 단순히 전쟁 영웅을 그린 작품은 뻔하게 보였다. 베트남전을 긍정적으로 그린 <그린 베레>(1968)는 흥행면에서는 실패하지 않았지만 작품의 평가는 갈렸다. 나치를 악역으로 다룬 이 전쟁 영화는 플롯으로서는 유효했지만 현실에서는 괴로운 베트남전이 진행 중이었고 무사태평한 전쟁 히어로에 대해 보내는 차가운 반응은 당연한 것이었다.

1970년 아카데미 작품상을 수상한 <패튼 대전차 군단>은 전쟁 영화의 진수를 보여주면서도 패튼 장군의 강렬한 개성을 강한 미국의 메타포로서 그려내었고, 그것이 시대의 흐름 속에서 헛도는 모습을 보여주었다. 전쟁의 대의, 역할 그리고 공과를 선명하게 부각시킨 작품으로 완성된 이 영화는 진정한 전쟁 영화가 갖는 가능성의 집대성이기도 했으며, 정점에 오른 작품이기도 했다. 그러나 결과적으로는 오락영화로서 전쟁 영화는 급속하게 쇠퇴했고, 그 후에는 사회적인 메시지를 담은 작품이 주류가 된다.

사극의 쇠락

할리우드에서 <인톨러런스>, <십계>, <벤 허> 등의 사극은 무성영화 시대부터 늘 인기 있는 장르였다. 그리고 유성영화, 컬러, 와이드 스크린으로 영화가 진화하면서 사극은 스펙터클을 표현하는데 영화만이 선보일 수 있는 묘미를 계속 제공해 왔다. 스케일의 장대함으로써 관객들의 인기를 얻었으며, <성의>, <데미트리우스와 검투사> 같은 연작, <십계>, <벤 허>, <스파르타쿠스> 같은 명작들이 탄생했다. 하지만 1963년 개봉된 <클레오파트라>에 4400만 달러라는 거액(현재의 화폐가치로는 350억 엔 이상)을 투자했음에도 불구하고 20세기 폭스는 절반의 이익밖에는 얻지 못했다. 그 때문에 광대한 촬영장부지의 일부를 매각하게 되었고, 회사도 도산의 위기에 빠지게 되었다. 다음 해 파라마운트도 <클레오파트라>의 절반 이하의 제작비를 들여 <로마제국의 멸망>을 제작했지만 참패한다. 이렇게 사극은 전성기가 끝나고 말았다.

신흥 장르의 대두

1960년대 후반 할리우드의 메이저 스튜디오들은 타 업종의 대기업이 매수에 나설 정도로 사태가 악화된다. 그 배경에는 TV에 관객을 빼앗겼다는 것도 있었지만, 영화업계가 스스로가 자연도태하고 있었다고도 할 수 있다. 흥행이 보장되던 뮤지컬 영화도 1968년의 <퍼니 걸> 이후 쇠퇴한다. 갱 영화와 형사물도 안정된 인기를 일부 유지하고 있었지만 큰 붐을 일으키지는 못했고, 이미 B급 영화로 격이 떨어져 있던 호러 영화처럼 관객과 멀어져갔다. 1967년 개봉된 <우리에게 내일은 없다> 같은 작품도 있었지만 어디까지나 예외에 불과했다. 1968년에 개봉된 <마피아 형제들>은 비평가들의 높은 평가를 받았음에도 흥행에 성공하지는 못했다. 이처럼 여러 장르가 침체에 빠지자 영화업계는 그때까지의 실적을 재검토하고 영화 본래의 매력과 새로운 가능성을 모색하기 시작했다. 베테랑 영화제작자들의 시대는 지나가고 있었으며 저예산영화 감독이나 대학에서 영화를 배운 신세대 중에서 새로운 재능을 발굴하려는 흐름으로 이어져갔다.

1971년의 <프렌치 커넥션>은 다큐멘터리 영화 출신 윌리엄 프리드킨의 이름을 높였던 작품이다. 청렴결백하지 않은 인간미 넘치는 도일 형사를 주인공으로 내세움으로써 '안티 히어로'의 형태로 형사물을 부활시켰다. 이 흐름은 같은 해 개봉한 <더티 해리>의 큰 성공과 함께 확고해져간다. 1972년에는 <대부>가 등장하면서 갱 영화가 부활했다. <대부>는 이전의 갱 영화와 다르게 총소리가 난무하는 영화가 아니었다. 휴먼 드라마였으며 가족 이야기로 흔들리지 않는 비전을 가지고 있었다. 폭력신은 적었지만 마이클 콜레오네의 소룟소 암살장면과 소니 콜레오네가 참살되는 장면 등 강렬한 임팩트를 남기는 연출로 관객을 매료시켰다.

또한 1970년의 <에어포트>, 72년의 <포세이돈 어드벤처>, 74년의 <타워링> 등 재난영화는 옛 '그랜드 호텔 형식(여러 등장인물들의 드라마가 클라이맥스에서 수렴되어가는 패턴)'의 새로운 방정식을 보여주었고, 1975년 개봉한 <조스>는 호러 영화의 요소를 겸비한 '동물 재난 영화'라는 장르로 파생되어 갔다. 그러나 재난영화의 소재가 지하철, 스타디움, 종국에는 고속도로까지 확장되었는데, 아무래도 지나치다는 느낌이 들 정도였다. 동물 재난 영화도 범고래, 큰곰, 피라냐에서 벌, 지렁이, 문어까지 제동이 걸리지 않을 정도로 세분화되며 빠르게 도태되어갔다. 그러던 중 1973년 사회현상까지 일으켰던 <엑소시스트>는 오랫동안 평가절하 되어 왔던 호러 영화라는 장르에 잠재적인 수요가 존재하고 있다는 것을 보여주었다. 그때까지 대표적인 테마였던 드라큘라, 늑대인간, 미라, 프랑켄슈타인이 아니라, '악마'라는 그리스도교 문화권에서는 보다 절실한 공포를 전면적으로 도입하여 대중의 열광적인 지지를 획득했다.

돌이켜 보면 호러 영화, 형사물, 갱 영화도 이전에는 할리우드에서 평가절하 되었던 장르다. 때문에 당시에는 장르로서 성숙되지 못했지만 결과적으로는 새로운 차원으로 업데이트되는 형태로 발전되어간다.

스타워즈 등장의 필연성

그렇다면 SF영화의 경우는 어떨까. 할리우드의 주류 장르들이 자연 도태되면서 SF는 가장 가능성을 가지고 있었다. 스타워즈를 예로 들어보자. 전쟁 영화에서 압도적 악이었던 나치는 제국군으로 다시 태어났으며, 서부극의 히어로였던 건맨은 검은 조끼를 입고 허리에 총을 찬 한 솔로가 대신했다. 심지어 서부극의 단골 장면인 술집에서의 속사포 경쟁까지 보여줬으니 말이다. 스타워즈는 '먼 옛날, 저 멀리 은하계'의 이야기이기 때문에 전쟁묘사에 베트남이 떠오를 염려도 없었고 서부극의 악역이 그랬듯이 인종적인 문제에서도 벗어날 수 있으며, 흉포한

외계인이 레이저 건 앞에서 쓰러져가는 장면을 보여줌으로써 논란에서 자유로울 수 있었다.

에드거 라이스 버로스의 소설 『화성의 공주』가 그리고 있는 붙잡힌 공주의 구출, 에드워드 엘머 스미스의 『은하계 방위군』에서 은하의 평화를 지키는 초인적인 능력자들의 활약, 프랭크 허버트의 『듄』의 막대한 부를 낳는 스파이스의 존재 등, 이들 소설에서 그리고 있는 기상천외한 세계관은 많은 어린이들을 매료시켜 왔다. 그러나 세계관이 장대한 만큼 당시에는 영화화가 어려울 것이라 여겨졌다. 스타워즈는 SF소설의 요소들도 정교하게 받아들였고, 옛날의 그리운 모험활극의 매력과 SF소설이 가진 장대한 세계관을 함께 담아내는데 성공했다. 스타워즈가 도입한 오락영화의 요소는 무수히 많으며 해당하지 않는 장르는 뮤지컬 정도다.

SF의 가능성

수준 높은 SF영화는 고도의 관찰, 분석, 추론에 의해 구축된 미래사회학적인 이야기가 대부분이며 '공상과학소설'이라는 용어처럼 높은 수준을 가지고 있다. 하지만 대중들은 공상이라는 단어에서 '안이한', '싸구려'라는 인상을 가지게 되었고, 때문에

'SF 따위 시시해'라는 편견이 생긴다. 한편으로 편견 없이 SF에 친숙했던 사람들은 SF의 가능성을 탐구해왔고, 영화의 세계에서도 마찬가지였다. <스타워즈> 이후에 개봉되어 크게 히트 한 <미지와의 조우>(1977), <에이리언>(1979), <슈퍼맨>(1978)은 모두 <스타워즈>가 개봉되기 전 70년대부터 기획이 진행되었던 작품들이다.

즉, 크리에이터들은 SF작품의 수요를 꿰뚫어보고 있었고 실현하기 위해 노력해왔다. 스필버그의 <미지와의 조우>가 실현된 배경에는 <조스>의 성공이 있었고, <삼총사>, <사총사> 등의 연작으로 성공한 샐카인드 부자가 <슈퍼맨>을 제작할 수 있었던 것도 이해할 수 있다. 또한 <에이리언>은 오랜 시간 폭스사에서 보류되었다가 <스타워즈>가 성공하자 본격적으로 움직이게 된 작품이다. 결국 제작에 있어 동기를 부여한 쪽은 크리에이터들이었고, 메이저 스튜디오들은 어떠한 건설적인 판단도 하지 못했다. 여기에 언급한 히트작들은 모두 외부에서 들어온 기획들이니 말이다.

무의미한 시장조사

메이저 스튜디오의 가장 큰 실책은 업계를 리드해야할 입장에 있으면서도, 과거의 성적과 현재의 마케팅 데이터만을 의지해서 판단을 내렸다는 점이다. <스타워즈>의 제작단계에서 폭스는 대중을 대상으로 앙케이트 조사를 진행했다. 결과는 '사람들은 SF모험활극을 보고 싶어 하지 않는다' 였다. 스타워즈가 크게 성공을 거두자 폭스의 중역들은 이런 조사결과를 분쇄기에 집어넣었다고 한다. SF모험활극을 제작할 때 사람들은 어떤 영화를 보고 싶다고 생각할까라는 앙케이트를 실시한다. 여기까지는 잘못되지 않았다. 문제는 SF모험활극을 어떻게 정의 내릴 것인가이다. 당시 대다수 대중들은 SF모험활극에 저예산, 조잡한 각본, 싸구려 특수촬영, 희미한 매력의 캐스팅이라는 이미지밖에는 가지고 있지 않았다. 그래서 장르로서 쇠퇴했던 것이다. 루카스가 만들려고 했던 것은 결점을 보완한 새로운 시대의 SF모험활극이었다. 새로움을 질문의 전제로 해야 데이터를 수집한 의미가 있다. 그렇다고 하더라도 영화제작 전문가가 아닌 대중이 완성된 영화의 잠재력을 상상하기는 매우 어렵다. 따라서 대중의 의견은 어디까지나 참고만 했어야 했다. 그러나 <스타워즈>가 개봉되기 전 폭스의 중역들은 리서치 결과만을 가지고 개봉을 강하게 반대했다.

영화의 이상을 추구한다

또 하나 지적하고 싶은 점은 영화업계에 개척자 정신이 사라졌다는 점이다. 여러 번에 걸쳐 SF영화가 검토되기는 했지만 계속 외면되어 왔다. 그것은 이미 언급했듯이 막대한 제작비가 드는 특수 시각 효과가 장애물이었는데, 스튜디오 측은 문제를 해결하기 위해 특수 시각 효과 부문을 개혁하려고 하지 않았다. 만약 각 영화 스튜디오가 선행투자라는 형태로 특수 시각 효과부문을 강화하고 발전시켰다면 영화의 역사는 다른 방향으로 흘러갔을 것이다. 그럼에도 영화 비즈니스란 앞을 읽기 어렵다고 말하고 싶을지도 모른다. 하지만 미래를 알 수 없는 업계에서 '타율 10할'라고 일컬어지는 픽사의 안정된 퀄리티나 현재 스타워즈에 버금가는 시리즈로 성장하고 있는 마블 작품의 성공은 어떻게 설명할 것인가. 픽사는 존 래시터를 필두로 애니메이션에 대한 꿈을 버리지 않았던 장인들의 집단이다. 마블은 라이센스 판매라는 편한 길 대신에 자사 스튜디오를 설립하고 영화제작에 나선 크리에이터들의 집단이다. 그들은 영화의 이상을 추구하며 프로로서 만들어낼 수 있는 엔터테인먼트 작품을 제작해왔다. 그것은 결코 시장 데이터가 인도하는 길이 아니었다.

스타워즈도 마찬가지의 길을 걸었기 때문에 탄생할 수 있었다. 우려스럽게도 픽사, 마블, 루카스 필름, 이 모든 회사가 현재는 디즈니 산하에 있다. 무적의 엔터테인먼트 회사를 향해 길을 개척하고 있는 디즈니는 과연 어디까지 커질 것인가. 그것 또한 주목해볼 일이다.

제3장

스타워즈는 무엇을 그리고 있는가

ABOUT STAR WARS

STAR

제3장 스타워즈는 무엇을 그리고 있는가

WARS

스타워즈와 가부키

미래의 가부키 계를 이끌어 나갈 젊은 가부키 배우, 11대 이치카와 에비조와 2대 나카무라 시도가 주축이 되어 만든 롯본기 가부키 <지구 나게고로 우주 아라고토>* 를 보았다. 겐로쿠 X년, 에도에 착륙한 우주선에서 나타난 에이리안(衛利庵)들과, 그들의 우두머리 다아시베이다유(駄足米太夫)가 인기 가부키 배

* 롯본기 가부키는 지금껏 가부키를 본 적 없는 젊은 세대나 외국인들도 가부키의 매력을 쉽게 접할 수 있도록 젊은이들의 거리 롯본기에서 상연을 시작한다. <지구 나게고로 우주 아라고토(地球投五郎宇宙荒事)>라는 타이틀은 극중 주인공 고로가 에이리안을 물리치기 위해 지구를 던지는 설정에서 비롯되었다. 일본의 인기 각본가 구도 간쿠로가 각본을 쓰고, 영화감독 미이케 다카시가 처음으로 가부키 연출을 맡았다.

우인 이치카와 단쿠로와 맞선다는 기상천외한 이야기인데, 여하튼간 재미있는 연극이었다. 붉게 빛나는 광선검 '긴가마루(銀河丸)'와 녹색 포스의 달인 '요다(与一駄)'가 등장하는 등 여기저기에 스타워즈를 의식한 연출이 엿보여서 스타워즈 팬이라면 볼만한 가부키 작품이 아닐까.

"이치카와 가문 대대로 내려오는 기예는 아라고토*다. 에비조가 신작을 만든다면 마지막은 지구를 내던질 각오로 해줬으면 좋겠는데."라는 18대 나카무라 간자부로의 말을 그대로 연극으로 옮겼다. 이 연극은 스타워즈뿐 아니라 <미지와의 조우>, <2001 스페이스 오디세이>, <트랜스포머> 등 고금의 SF영화를 패러디하고 있다. 그러면서도 가문에 대대로 내려오는 시바라쿠, 스케로쿠 같은 명장면도 극 속에 포함시키며 고전극과는 다른 신작 가부키만의 즐거움을 만들어 냈다. 에비조 자신이 연기하는 극중의 에비조는 이렇게 말한다. "파고들어 보면 말이야, 스타워즈, 그것도 가부키잖아." 자잘한 이론 따위는 빼고, 끊임없이 관객들을 즐겁게 하며 고금의 히트작품을 환골탈태시켜 새로운 오락물로 탄생시키는 것. 이러한 가부키 그리고 아

* 아라고토(荒事): 가부키의 특수한 연기·연출 방법의 하나로 초인적 힘을 가진 주인공이 그 용맹함을 보이는 것이다. 지극히 양식적이고 과장되게 연출한다. 1대 이치카와 단쥬로가 1873년 에도 나카무라좌에서 상연한 『시텐노오사나다치(四天王稚立)』에서 최초로 연기한 이래 이치카와 가문을 대표하는 기예가 되었다.

라고토의 본질은 스타워즈에도 그대로 해당된다.

지구를 던진다는 간자부로의 발상 역시 스타워즈에 등장하는 혹성을 통째로 파괴해버리는 '데스스타'를 떠오르게 한다. 데스스타의 원점은 E. E. 스미스의 소설 '렌즈맨 시리즈'에 등장하는 혹성폭탄으로 거슬러 올라간다. 이 작품에서는 혹성의 관성을 없애고, 초공간 튜브를 사용해 혹성 째로 적을 들이받는다. 이렇게 혹성을 던진다는 SF작품의 설정이 가부키 작품으로 이어진다는 점이 흥미롭다. 어디에 뿌리를 두고 있는가는 중요하지 않다. 아티스트는 저마다의 발상을 통해 장대한 스케일을 설정하여 그 시대의 대중들을 즐겁게 한다. 이것이 좋은 콘텐츠를 만들어내는 시대 공통적인 배경이라고 다시금 생각했다.

현대의 신화, 스타워즈

히트작이 태어나게 된 발상의 근원을 찾아가는 것은 흥미롭고 즐거운 일이다. 스타워즈 역시 폭 넓은 문화 장르에서 힌트를 얻고 있기에 이를 알아가는 즐거움에는 끝이 없다. 스타워즈뿐 아니라 많은 작품에서 수준 높은 오락 작품을 창조하기 위해 인용하거나 오마쥬하거나 혹은 베끼는 형태로 과거의 작품을 이용해왔다. 그러나 스타워즈만큼 정교하게 과거의 작품을 이용한 작품은 없다. 결과적으로 스타워즈는 독립된 상품으로서 성립하였으며, 그 후 계속해서 후발 작품에 영향을 미치는 존재가 되었다. 과거 작품의 좋은 부분을 받아들일 때 그 작품의 감칠맛은 그대로 남겨두고, 외관과 풍미는 더욱 좋게 승화시킨다. 그 절묘한 간맞춤, 즉 무엇을 받아들이고 무엇을 덜어낼 것인가를 아는 것만으로도 스타워즈의 성공 비결에 가까워질 수 있을 것이다.

지금까지 팬들과 전문가들 사이에 스타워즈가 영향을 받은 것에 관해 무수한 소문이 있어 왔다. 그 중에서도 개인적으로 질려버린 것은 두 가지다. 신화를 바탕으로 했다는 것과 일본 문화의 영향을 많이 받았다는 것이다. 우선 신화의 영향에 대해 이야기해보자. 신화는 가장 오래된 인류의 이야기로 많은 이야기들의 원형과 골격을 찾아낼 수가 있다. 식자들은 시련과 성장이라는 신화의 보편적 테마가 스타워즈의 기저에 깔려 있는 점이 특별하다고 말한다. 그러나 그것만으로 모든 것을 설명할 수는 없다. 스타워즈 성공 이후 SF 붐이 일어나고, <헤라클레스>, <타이탄>, <베오울프> 같이 신화 자체를 소재로 한 영화가 많이 제작되었지만 대다수가 흥행에 실패했다. 겨우 <퍼시 잭슨> 시리즈 정도가 흥행에 성공했지만 스타워즈의 성공에는 미치지 못했다. 그렇다면 왜 신화를 영화화한 많은 작품들이 실패했고, 왜 <퍼시 잭슨>은 성공한 것일까? 실은 이 두 부류에는 명확한 차이가 있다. 전자가 신화 그 자체를 영화화했다는 점에 반해, 후자는 신화에 현대적 플롯을 첨가한 새로운 이야기라는 점이다.

앞서 언급한 가부키뿐 아니라 고전예능과 고전문학은 대중에게 문턱이 높은 만큼 따분하게 느껴지기 쉽다. 하지만 작품 자체가 나쁜 것이 아니다. 역사적 가치는 있지만 현대 대중에게 엔터테인먼트적 요소가 약할 뿐이다. 일본의 예를 살펴보자. 과거에도 여러 번 영화화된 '니혼쇼키'나 '헤이케모노가타리'는 영화화 자체에 의의가 있다. 그러나 21세기 대중이 그것을 바라는 가에 대해서 의구심이 드는 것도 사실이다. 그러니 흥행을 바란다면 새로움, 그것도 시대의 최첨단을 느낄 수 있어야 한다.

얼마나 낡음을 불식시키는가

주지 루카스가 영화화를 검토했던 <플래쉬 고든>은 그 후 디노 드 로렌티스에 의해 1980년 영화화되었는데 비참할 만큼 볼품없었다. 너무 심해서 "오랜 세월을 걸치면서 중독성이 생겼다는 점이 오히려 재미있지만……" 2012년에 크게 히트한 코미디 영화 <19금 곰 테드>의 대사이다. 스타워즈의 원점이기도 하며, 수많은 스페이스 오페라의 원점이 된 에드거 라이스 버로스의 소설 화성 시리즈도 2012년 앤드루 스탠턴 감독에 의해 영화화되었지만 참패를 맛보았다. 그의 작품 <존 카터: 바숨 전쟁의 서막>은 현대의 관객도 즐길 수 있도록 설정을 변경했다. 그럼에도 불구하고 관객이 외면한 이유는 이야기의 무대가 화성이었기 때문일 것이다.

지구에 가까운 혹성이라는 이유로 사람들은 오랫동안 화성인이 존재할 것이라 확신해 왔고, 적지 않은 픽션 작품이 화성을 다루어 왔다. 앞서 언급한 화성 시리즈를 비롯하여 1953년에는 <화성에서 온 침입자>라는 영화도 만들어졌다. 하지만 1964년에 매리너 4호가 사상 처음으로 화성 접근 통과에 성공했고, 1976년 7월 20일에 바이킹 1호가 화성표면에 착륙함으로써 화성에 대한 이미지는 격변했다. 거기에는 (예상하고는 있었지만) 생명이나 문화의 흔적은 없었고, 오로지 황폐한 느낌의 바위만이 널려있었을 뿐이었다.

화성의 실체가 잘 알려진 지금, 대중이 여전히 화성에서 모험을 펼치는 지구인 이야기를 순수하게 보려고 할까. 유감스럽게도 화성 시리즈의 메인 요소는 화성이다. 화성이 아닌 우주 어딘가에 존재하는 가공의 혹성을 무대로 설정했다면 거부감이 없었겠지만, 원작의 근간을 이루는 무대를 변경할 수는 없었을 것이다. 즉, <존 카터>에서 문제가 되었던 것은 낡은 설정이었고, 한편 <플래쉬 고든>의 경우는 낡은 디테일 묘사였다. 솔직히 유명한 테마곡을 제외하면 모조리 촌스럽기 그지없었던 <플래쉬 고든>은 개봉 당시에도 그 낡은 센스로 관객들을 아연실색케 했던 것이다.

루카스는 어떤 영화를 참고 했나

이처럼 보편적인 골격을 가지고 있더라도 디테일이 낡아서는 흥행에 성공할 수 없고, 지나치게 과학적인 부분을 설명하면서 관객들을 혼동시켜서는 흥행하지 못한다. 스타워즈는 이 부분을 효과적으로 극복했다. 특히 과거의 명작이라고 불리는 영화들을 교묘하게 도입하는 수법은 배울 점이 많다. 여기서 조지 루카스가 <스타워즈> 시리즈 첫 작품에 도입한 과거 명작들의 디테일을 짚어보려고 한다.

〈의지의 승리〉(1935), 레니 리펜슈탈 감독

히틀러의 의뢰로 나치 당 제6회 전국대회의 모습을 레니 리펜슈탈이 감독·촬영한 작품으로 당연히 나치 독일을 선전하는 색채가 짙다. 세계적으로 높이 평가 받고 있지만, 나치를 찬양하고 있다는 책임을 면하기는 어려웠다. 베를린 올림픽 기록영화 <올림피아>(1938)와 마찬가지로 예술적으로는 평가된다. 나치 병사들의 실루엣이 스타워즈 제국군의 조형에 많이 이용되었고, 다스 베이더의 헬멧도 당시 독일군의 실루엣을 그대로 차용한 것이다. 압권이라고 할 수 있는 일사불란한 행진과 정렬된 모습 등은 제국군뿐 아니라, <스타워즈 에피소드4: 새로운 희망> 마지막 장면인 신인 메달 수여식에서 반란군 병사들을 묘사할 때도 영향을 끼쳤다.

〈댐 버스터〉(1955), 마이클 앤더슨 감독

댐을 파괴하여 독일군의 기능을 마비시키기 위한 군사작전에 고군분투하는 영국군과 과학자들의 노력과 성공을 그린 작품. 댐을 지키도록 지어진 탑에서 포격하는 장면, 세 대의 비행기로 짜인 편대가 돌입할 때, 전위의 두 대는 방위로 돌아서고 후위 한 대가 폭탄을 투하하는 장면묘사는 <스타워즈>의 클라이맥스에서 데스스타 공격 장면의 모델이 되었다. 목표에 가까워지는 시점에서 한 대씩 점호를 부르는 묘사도 그대로이며, 작전행동 중 캐노피(조종석의 바람막이) 밖을 흘러가는 광경을 주의깊게 묘사하고 있는 장면도 이 영화를 참고했다.

〈633폭격대〉(1964), 월터 E. 그라우만 감독

<댐 버스터>와 마찬가지로 데스스타 공격 묘사에 참고한 작품. 이 작품의 경우 계곡의 막다른 곳에 건설된 군수공장을 타겟으로 설정하고 있는데, 골짜기가 감싼 형태가 데스스타의 참호를 생각나게 한다. 골짜기에는 공장을 지키기 위해 무수한 고사포가 설치되어 있고, 폭격대는 폭격을 맞으면서도 이 골짜기에 돌입한다. 볼처럼 생긴 폭탄을 투하하여 타겟인 공장을 파괴한다는 작전이다. 영화 자체는 그다지 재미있지 않지만 데스스타 공격을 이미지하면서 클라이맥스를 감상하면 흥미롭다.

〈하이 눈〉(1952), 프레드 진네만 감독

잘 알려진 게리 쿠퍼 주연의 명작 서부극. 쿠퍼가 연기하는 보안관은 무뢰한은 아니지만 검은 조끼 모습이 한 솔로와 똑같다. 이 작품의 보안관을 비롯해 서부극에 등장하는 건맨은 건 벨트를 늘어드린 모습과 함께 한 솔로 복식의 원형을 이루고 있다.

〈요짐보〉(1961), 구로사와 아키라 감독

영화 도입부에 구와타 산쥬로가 불량배의 팔을 베는 장면은 칸티나(주점)에서 오비완 케노비가 폰다 바바의 팔을 베는 장면으로 재생산되었다. 팔을 베는 장면은 후에 스타워즈에서도 유명해졌고, <제국의 역습>에서 루크가 팔을 잃었으며, <제다이의 귀환>의 베이더도 마찬가지다. <클론의 공격>에서는 아나킨이, <시스의 복수>에서는 두크 백작과 메이스 윈두가 각각 팔을 베이고 만다. 스타워즈에서 이렇게 팔 절단 묘사가 자주 나오는 것은 승부의 결착을 확연히 알 수 있다는 점과 이야기를 다음 단계로 이행시키기 쉽다는 간편함에 기인한다. 어쨌건 팔 절단은 스타워즈의 대명사적 존재가 되었고, <아이언 맨3> 이후 마블 시네마틱 유니버스의 페이즈2* 작품에서 스타워즈의

---

* 플롯, 설정, 캐스팅, 캐릭터를 공유하며, 각 작품마다 다음 작품에 대한 복선 또는 지난 작품과의 연관성 아래 하나의 세계관을 유지하고 있는 마블 시네마틱 유니버스는 영화 내의 시간적 순서에 따라 페이즈1, 2, 3로 구성된다. 페이즈 1(Phase One: Avengers Assembled)은 <아이언맨>(2008), <인크레더블 헐크>(2008), <아이언맨 2>(2010), <토르: 천둥의 신>(2011), <퍼스트 어벤져>(2011), <어벤져스>(2012)로 구성되어 있다. 페이즈 2(Phase Two)는 <아이언맨 3>(2013), <토르: 다크 월드>(2013), <캡틴 아메리카: 윈터 솔져>(2014), <가디언즈 오브 갤럭시>(2014), <어벤져스: 에이지 오브 울트론>(2015), <앤트맨>(2015)으로 구성된다. 페이즈 3(Phase Three)는 이미 개봉된 <캡틴 아메리카 3

오마쥬로서 '누군가의 팔이 절단된다'는 묘사가 도입되었다.

여담이지만 구로사와의 <요짐보>는 대실 해미트의 소설 『붉은 수확』을 참고한 오리지널 작품인데, <제다이의 귀환> 제작 때 사용된 가제 <푸른 수확(Blue Harvest)>도 이 해미트의 작품과 연관 지어 붙인 제목이다.

〈쓰바키 산주로〉(1962), 구로사와 아키라 감독

한 솔로가 데스스타에 견인된 밀레니엄 팔콘 호의 숨겨진 밀수창고에 루크와 드로이드들을 숨기고 트루퍼의 수색을 피하는 장면은 <쓰바키 산주로>의 서두에서 산주로가 신전 마룻바닥 밑에 젊은 사무라이들을 숨기고 관리의 부하들의 수색에서 달아나는 장면에서 인용한 장면이다.

〈데루스 우잘라〉(1975), 구로사와 아키라 감독

구로사와 감독이 소련에 초대받아 만든 소비에트 영화. 이 작품은 소련에 두 번째 아카데미 외국어 영화상을 안겼다. 주인공 아르세니에프와 데루스가 지평선을 바라보는 장면에서 가

: 시빌워>(2016), <닥터 스트레인지>(2016), <가디언즈 오브 갤럭시 Vol.2>(2017), <스파이더맨: 홈커밍>(2017), <토르: 라그나로크>(2017)를 포함해, <블랙팬서>(2018), <어벤져스 : 인피니티 워>(2018), <앤트맨과 와프스>(2018), <캡틴 마블>(2018) 등이 예정되어 있으며, 이후에도 계속될 예정이다.

라앉는 태양이 달과 함께 보인다. 맞다, 타투인의 이중태양이 가라앉는 모습을 루크가 바라보는 그 유명한 장면의 출처이다.

〈정오의 출격〉(1949), 헨리 킹 감독

이 역시 전쟁 영화의 명작 중 명작. 박력 있는 공중전은 데스스타 탈출 후 밀레니엄 팔콘 호와 TIE 파이터의 공중전에 활용되었다. 클라이맥스를 이루는 데스스타 공격 장면에도 참고가 되었다.

〈수색자〉(1956), 존 포드 감독

서부극 사상 부동의 명작에 빛나는 작품. 존 웨인이 연기하는 주인공 이든이 귀향했을 때 아파치 족의 공격에 의해 불에 타버린 집을 보고 아연실색 하는 장면이 있다. 이는 루크가 숙모와 숙부의 안위가 걱정 되어 집으로 돌아갔을 때, 제국군의 습격으로 타버린 집을 보고 망연자실하는 장면에 참고가 되었다.

버로스의 영향

루카스가 영향을 받은 영화를 들자면 끝이 없지만, 앞에서 썼듯 '스페이스 오페라'의 고전작품에서도 많은 영감을 받았다. 대표적인 두 가지 예를 소개하려고 한다.

화성 시리즈, 에드거 라이스 버로스 작

버로스의 작품 중에 가장 유명한 것은 『타잔』일 것이다. 작가 스스로 1917년 캘리포니아에 세운 집을 '란초 타자나'라고 명명했을 정도다. 그 후 버로스의 공적을 기리며 그 지역의 이름이 정식으로 '타자나'로 변경되었다. 스타워즈에서는 데스스타 내부를 도망치며 돌아다니는 루크가 레아를 안고 로프에 매달려 나락을 뛰어 넘는 등 타잔적인 묘사도 볼 수 있다. 그러나 스타워즈가 크게 영향을 받은 것은 역시 화성 시리즈에서 보이는 '스페이스 오페라'로서의 진면목일 것이다. 붙잡힌 공주를 구출하기 위해 나선 젊은이가 위기와 고난을 넘어 끝내 승리를 획득한다는 플롯은 스타워즈의 근간이기도 하다.

첫 번째 작품 『화성의 프린세스』에 등장하는 헬륨 왕국의 공주 데자 소리스는 몸에 거의 아무 것도 걸치지 않았는데, 이후 스페이스 오페라의 히로인들의 비주얼에 결정적으로 영향을 끼치기도 했다. 스타워즈의 첫 개봉작 <새로운 희망>에서는 레아 공주가 노출이 적은 의상으로 등장하는데, 이는 여성다움을 전면에 내세우지 않는 당시의 풍조를 반영한다. 하지만 세 번째 개봉작 <제다이의 귀환>에서 자바 더 헛에게 붙잡힌 레아 공주는 노출이 많은 메탈비키니 차림으로 등장하여 당시의 청소년들에게 큰 충격을 안겼다. 레아 공주의 이 비주얼은 스타워즈가 스페이스 오페라 역사의 흐름에 따르고 있음을 여실히 보여준다.

버로스의 화성 시리즈는 1912년 첫 출판 당시 열광적으로 환영받았지만, 오랫동안 판권의 소재가 명료하지 않아 50년대에는 절판되었고, 복간의 징후조차 보이지 않은 채 '환상의 작품'으로 알려져 있었다. 그러다 60년대가 되자 본격적으로 복간의 움직임이 활발해졌고 제2차 버로스 붐을 일으키며 연간 1000만 부나 되는 판매고를 기록한 해도 있었다고 한다. 1970년에 더블디 사가 출판한 하드커버 판의 경우 프랭크 프라제타가 커버 아트를 맡았고, 어떤 독자는 표지 때문에 책을 구입하기도 했다. 특히 첫 작 『화성의 프린세스』의 표지는 머리 높이 검을 든 존 카터와 그에게 기댄 데자 소리스의 모습이 지극히 판타지적으로 묘사되어 있다. 우연일지도 모르지만 <스타워즈>의 첫 포스터의 구도도 거의 같은데 이를 스페이스 오페라의 DNA로 생각한다면 자연스럽게 납득할 수 있다.

연애묘사의 기원

게다가 흥미로운 유사점을 든다면 화성시리즈의 4번째 작품, 『화성의 튜비아 메이드』일 것이다. 이 작품에서는 존 카터의 아들 카소리스의 모험과 그가 따르는 프타스 왕국의 왕녀 사비아의 연애를 그린다. 사비아는 무의식중에 카소리스에게 끌리면서도 그의 사랑을 받아들이려 하지 않을 뿐 아니라 자신도 전혀 자각하지 못한다. 부모끼리 정한 약혼자가 있기 때문인데, 무사히 귀환했을 때 그녀는 케올 왕국의 황제와 결혼해야했기 때문이다. 클라이맥스에서 그녀는 죽음이 가까워졌음을 확신하고 카소리스에 대한 사랑을 마음속으로 외친다. 우연일지도 모르지만 <클론의 공격>의 클라이맥스, 지금까지 완고하게 아나킨의 사랑을 무정하게 거절했던 파드메가 사형장으로 향하는 도중 아나킨에게 사랑을 고백하는 장면과 매우 비슷해 보인다. 이런 점에서도 느슨한 연애극이라는 스페이스 오페라의 요소를 찾을 수 있다.

<클론의 습격>는 연애묘사에 있어 자주 비난의 대상이 되었다. 그러나 <셰익스피어 인 러브>의 각본 총 책임인 톰 스토파

드가 각본을 맡았고, 스페이스 오페라의 대표작 화성 시리즈에서 주인공들이 나눈 달콤한 사랑의 대사들을 알고 있다면 자연스러운 묘사로 생각된다. 이 점에 관해 지금도 불만을 가지고 있는 관객이 있다면 꼭 이 화성 시리즈를 한번 읽어보길 권한다. 아마 <클론의 공격>을 좋아하게 될 것이다.

렌즈맨 시리즈

또 하나의 스페이스 오페라의 고전은 렌즈맨 시리즈이다.

렌즈맨 시리즈, E. E. 스미스 작

1937년 『은하계 패트롤』을 시작으로 10년 이상 계속된 렌즈맨 시리즈는 그 후 스페이스 오페라의 방향에 크게 영향을 미쳤다. 첫 작품 『은하계 패트롤』의 제목에서 알 수 있듯 은하를 수호하는 패트롤과 탁월한 재능을 지닌 주인공 볼 키니슨의 활약을 그린 작품이다. '은하를 수호하는'이라는 대목에서 이미 <제다이 기사단>의 향기를 맡을 수 있는데, 실제로 이 작품의 주요 구성요소인 '은하 패트롤'은 제다이 기사단과 크게 공통점이 있다. 고도의 지적생명체인 아리시아 인의 인도에 의해 훈련받은 후보생은 졸업 때 그들에게 렌즈를 하사받아 렌즈맨이 된다. 그들은 법과 정의의 집행자로서 은하에서 절대적인 신뢰를 받으며, 많은 악인들은 렌즈맨의 존재를 위협적으로 생각한다. 주인공 킴은 렌즈맨 중에서도 특별한 존재로, 제1권에서 이미 보통의 렌즈맨들보다 고위에 있는 '그레이 렌즈맨'이 되고, '제2단계 렌즈맨'이 된다. 실은 그는 아리시아 인이 신중하게 계획한 선택된 자였다.

시리즈의 간단한 배경은 이 정도이다. 그야말로 제다이 그리고 아나킨의 존재와 오버랩 되는 세계관이다. 작중에는 아리시아 인들과 적대적인, 보스코니아를 조종하는 에도리아 인들이 만들어낸 렌즈를 가진 블랙 렌즈맨이 등장하는데 한눈에도 이들이 어둠의 편에 서 있음을 알 수 있다. 시리즈가 진행되면 킴과 이어지는 히로인 클라리사가 사상 첫 여성 렌즈맨이 되어 '레드 렌즈맨'으로 불린다. 이 둘 사이에 태어나는 네 명의 아이들은 이미 제3단계 렌즈맨이라는 초 고위의 존재로 태어나며, 아리시아 인들에게 의해 렌즈를 부여받지 않아도 스스로 체내에서 렌즈를 출현시키게 된다. 이러한 전개는 스타워즈 시리즈에서 처음으로 여성 주인공을 등장시킨 <스타워즈 에피소드7: 깨어난 포스>와 뒤이은 두 작품이 어떻게 전재될 것인가를 점치는데 있어서도 매우 흥미롭다. 특히 제3단계 렌즈맨은 태어나면서 이미 능력이 각성되어 있다는 점에서 앞으로의 스타워즈가 어떻게 전개될 지 힌트를 던져주기도 한다. 스페이스 오페라를 좋아한다면 매우 흥미로운 사실이다.

앞서 서술했듯 렌즈맨에는 '혹성폭탄'이라는 병기가 등장하고, 적과 아군이 뒤섞이는 대 우주 전투도 전개된다. 물론 화성 시리즈만큼은 아니지만 에테르 등 낡아빠진 설정에도 불구하고 영상이 아니어서 크게 신경 쓰지 않고 장대한 스케일의 재미에 취할 수 있다. 또한 화성 시리즈에서는 목성까지 확장되었던 이야기의 스케일이 렌즈맨에서는 전 은하로 확장되었는데, 유일하게 애니메이션으로만 만들어졌다. 그런 점에서도 이 시리즈의 거대한 스케일을 느낄 수 있다.

한정적인 일본의 영향

스타워즈의 영향에 대해 언급할 때, 신화와의 관련성과 마찬가지로 개인적으로 지겹게 생각하는 것이 일본문화의 영향에 대해서다. 물론 제다이가 '시대극'*에서 발상을 얻어 만들어진 이름이라는 점, 두 손을 사용하여 칼을 쓰는 장면 등 사무라이 영화의 영향은 크다. 기모노 등 일본의 복식문화를 참고로 한

* 시대극의 일본어 발음 '지다이게키(じだいげき)'에서 '제다이'라는 이름이 유래했다는 것이다.

장면도 많이 보인다. 네 번째 개봉작 <보이지 않는 위험>에서 다스 몰을 연기한 레이 파크가 어릴 때 좋아했던 일본 TV 방송 <서유기>에서 칼싸움의 요소를 받아들였다고도 한다. 그러나 오비완의 이름은 검은 색 오비(기모노의 허리에 맨 띠)에서 따왔다든가, 요다라는 이름을 요다(依田)라는 성씨에서 따왔다든가, 다스 베이더의 투구는 다테 마사무네의 투구에 뿌리를 두고 있다든가, 이런 허무맹랑한 이야기밖에 없는데다가 근거도 희박하다. 그럼에도 미디어에서는 대중들의 반응이 좋다는 이유로 걸핏하면 "스타워즈에는 일본 문화의 영향이 지대해서……"라고 쓴다. 한술 더 떠서 기자회견에서 "이번 신작에 일본문화가 얼마나 들어가 있습니까?"라는 질문을 프로듀서, 캐슬린 케네디에게 던지기에 이르렀다. 당연히 그녀는 "여러 가지 있을지도 모릅니다."고 적당히 넘겼지만 이런 이야기는 어느 나라에 나 있는 립 서비스에 불과하다. 그 때문에 무엇이듯 일본 중심으로 생각하는 미디어의 자세는 솔직히 부끄럽기까지 하다.

스타워즈는 다국적 영화

실제로 스타워즈에는 일본 이외의 문화에서 영향을 받은 장면이 많이 등장한다. 이번에는 스타워즈에 끼친 여러 나라의 영향도 살펴보려고 한다.

튀니지

타타윈이라는 이름의 마을이 타투인의 유래.

페루

세계유산으로 알려져 있는 마추픽추. 이 지역의 케추아 어는 자바 더 헛이 사용하는 헛어의 바탕이 되었다.

남아프리카

줄루어가 자와 족 언어의 베이스가 되었다.

탄자니아

하야 족이 사용하는 하야 어가 그대로 니엔 넌이 말하는 언어로서 사용되었다. 탄자니아에서 <제다이의 귀환>이 상영되었을 때, 하야 어를 이해할 수 있는 관객들이 크게 기뻐했다고 한다.

칼미크 공화국과 필리핀

칼미크 어와 타갈로그 어가 이워 족 언어의 베이스가 되었다.

산스크리스트 어

<보이지 않는 위험>에서 사용된 곡 '운명들의 결투'의 가사 외에도 파드메(연), 요다(전사) 등 산스크리스트 어를 많이 사용했다.

이외에도 로케이션 장소로 사용된 스페인, 이탈리아, 영국, 미국, 타이, 노르웨이도 당연히 스타워즈와 밀접한 연관성을 가지게 된다. 스타워즈는 말하자면 다국적 문화를 함유한 영화라고 말할 수 있으며, <보이지 않는 위험>에서 나오는 아미달라 여왕의 의상과 머리 모양을 일본의 영향이라고 쓴 미디어도 있으나 실제로는 몽골의 것이다. 그런 사실도 모르고 너무 "일본이! 일본이!"라고 연호하는 것도 꼴불견이라고 생각된다.

구로사와 아키라의 영향

일본의 진정한 영향에 대해 이야기해볼까 한다. 표면적인 것이 아니라 깊은 곳에 끼친 영향 말이다. 그것은 구로사와 아키라 감독의 영향이다. <숨은 요새의 세 악인>(1958)이 스타워즈에 영향을 끼쳤다는 사실은 널리 알려져 있지만 그뿐만이 아니다. 1977년 스타워즈의 첫 개봉작이 세계적으로 엄청난 홍행을 일으켰지만 아직 일본에서 개봉되기 전이었을 무렵, 구로사와 아키라 감독의 <숨은 요새의 세 악인>이 스타워즈의 근간을 이루었다는 소문은 이미 퍼져 있었다. 그 후 <제국의 역습>을 제작 중, 샌프란시스코에서 조지 루카스, 구로사와 아키라, 포드 코폴라 감독이 함께 한 자리에서, 코폴라는 "루카스가 무단으로 <숨은 요새의 세 악인>을 사용했으니 당신이 소송을 거는 것은 아닐까 얼마나 조마조마해 했다고요."라고 구로사와 본인 앞에서 루카스를 놀렸고, 구로사와는 "멋지게 사용해주었으니 문제없죠."라고 말하며 루카스를 안심시켰다는 이야기도 전해지고 있다.

전국시대, 백성인 다헤이와 마타시치는 야마나와 아카쓰키 가문 사이의 전쟁에 참가하지만 제대로 된 활약도 하지 못하고 야마나의 포로로 잡힌다. 얼마 후 폭동에 편승해서 탈출하지만 잘못하면 야마나에게 잡히고 말기 때문에 국경을 넘을 방책에 대해 논의하던 중 마카베 로쿠로타라는 사무라이 대장을 만나게 된다. 로쿠로타는 아카쓰키의 장군으로 아카쓰키 가문 재건을 위해 어떻게 해서든 유키 공주와 매장되어 있던 금을 동맹국인 하야카와 영지로 이송해야만 했다. 다헤이와 마타시치가 내놓은 안에 감명을 받은 로쿠로타는 이 둘을 동료로 받아들여 숨겨진 요새를 뒤로 하는데……. 여기까지가 <숨은 요새의 세 악인>의 도입부이다. 중요한 조연인 다헤이와 마타시치는 C-3PO와 R2-D2의 모델이 되었고 '공주를 모신 도피행'이라는 플롯도 스타워즈의 토대로 사용되었다. 때문에 오랫동안 <숨은 요새의 세 악인>은 스타워즈의 원형이라고 일컬어져왔다. 맞는 말이지만 뒤집어 말하면 <스타워즈>에 남겨진 <숨은 요새의 세 악인>의 흔적은 그 정도밖에는 없다. 1973년 루카스가 쓴 시놉시스의 내용은 거의 <숨은 요새의 세 악인>과 같고, 무대가 33세기의 미래 그리고 우주로 변경되어있는 정도였다. 하지만 수정이 더해짐에 따라 여러 요소가 추가·삭제되어 현재의 형태가 되어간다. 예를 들어, 공주를 모신 도피행이라는 플롯은 데스스타를 탈출해 야빈에 도착하기까지의 이야기에 사용되었다. 결국 <스타워즈>가 가장 영향을 받은 것은 두 드로이드가 본 영웅들의 모험 기록이라는 서사 형식이다.

일본 영화와의 우연한 만남

그럼에도 불구하고 구로사와 아키라가 루카스에게 끼친 영향은 지대하다. 루카스는 자신에게 가장 영향을 끼친 작품으로 <7인의 사무라이>(1954)를 꼽는다. 루카스가 일본 영화, 아니 영화 자체를 본격적으로 보기 시작한 것은 남 캘리포니아 대학에서 영화를 공부하기 시작했을 때부터였다. 이전에는 어지간한 일이 아니면 영화를 보지 않았고, 그가 살고 있던 캘리포니아 주 모데스토에서 일본 영화 같은 외국 영화를 접할 기회는 많지 않았다. 만약 모데스토 시절, 외국 영화를 보고 싶다고 생각했다면 샌프란시스코까지 나와야 했고, 그렇다고 하더라도 일본 영화를 볼 기회가 그리 자주 있지는 않았다. 그러니 루카스가 영화 공부를 시작했다고는 하더라도(그는 카메라맨 지망생이었다), 일본 영화에 이렇다 할 흥미가 있었던 것은 아니었을 것이다.

그런 루카스에게 일본 영화의 훌륭함을 설명해준 것은 후에 루카스와 함께 <지옥의 묵시록> 각본을 쓴 친구 존 밀리어스였다고 한다. "사상 최고의 영화라는 것을 알거야!" 밀리어스는 루카스에게 <7인의 사무라이>의 매력을 반복해서 이야기했다. 다른 학생들도 밀리어스와 마찬가지였다고 한다. 그럼에도 루카스는 차가운 반응을 보였고, <7인의 사무라이>를 그다지 의식하지 않았던 듯하다. 하지만 이윽고 루카스에게도 '그 날'이 도래한다. 그리고 '그 날'을 경계로 그의 인생은 완전히 바뀌게 된다.

> 정말 훌륭해! 훌륭한 영화야! 장대한 이야기와 위대한 연기, 유머러스한 액션과 서스펜스! 그것들이 마법같이 혼연일체가 되어 있는 모습은 몇 번을 보더라도 믿을 수 없을 정도다! 영화가 가진 예술성이 이 영화에서는 어떤 장면에나 함축되어 있다.
>
> (2005년 5월 14일 『텔레그래프』)

루카스와 〈7인의 사무라이〉

물론 루카스는 <숨은 요새의 세 악인>에도 감명을 받았다. 때문에 그 골격의 일부를 <스타워즈> 속에서 R2-D2와 C-3PO라는 형태로 받아들인 것이다. 그러나 루카스는 "<7인의 사무라이>야말로 나에게 결정적으로 영향을 끼쳤다."고 말한다. <7인의 사무라이>에는 인간미 넘치는 이야기를 어떻게 홍미진진하게 펼칠 것인가에 대한 영화 기법과 가능성이 가득

차 있었기 때문이다. 7인의 개성 넘치는 사무라이들 외에도 대사에 의존하지 않고도 농민과 악인의 배경을 알아챌 수 있다. 영상으로 묘사하는 스토리텔링의 정교함도 루카스를 매료시켰다. 할리우드 역시 <7인의 사무라이>에 매료되었고, 1960년에는 <황야의 7인>으로 리메이크되었다. 그러나 서부극을 대표하는 이 영화에 대한 루카스의 평가는 엄격했다. "서부극으로서 <황야의 7인>은 잘 만들어진 영화라고는 생각하지만 <7인의 사무라이>만큼 흥미롭고 다면적인 영화라고는 생각되지 않는다."

다양한 등장인물들과 플롯이 한 편의 영화에 기적적으로 가득 차 있는 <7인의 사무라이>의 특출한 매력은 구로사와 아키라의 연출 동기에서 찾아볼 수 있다. 구로사와 아키라는 이렇게 말한다. "관객을 아주 배부르게 해주자고. 스테이크 위에 장어구이를 올리고 카레를 부은 것 같은, 재미를 가득 채워 주는 영화를 만들려고 생각했다." 전후 성난 파도처럼 몰려오는 할리우드 영화에 저항하며 자신이 생각해낼 수 있는 만큼의 오락적 요소를 가득 담아 관객을 즐겁게 하려는 구로사와의 자세는 결과적으로 루카스가 <스타워즈>를 구축해 나가는 데 영향을 끼쳤던 것이다. <스타워즈>는 동서고금의 명작에서 뛰어난 부분을 빌리면서도 최신 특수 시각 효과를 통해 최첨단의 오락으로서 재생산되어 온고지신과 환골탈태의 이상적인 예시를 보여주었다.

반항자의 시대

루카스가 구로사와로부터 계승한 것은 그뿐만이 아니다. 아니, 구로사와로부터 루카스가 계승했다기보다, 오히려 20세기라는 시대가 구로사와를 비롯한 전 세계의 아티스트들에게 끼친 영향이 루카스에게도 계승되었다고 하는 편이 정확할지도 모르겠다. 산업 혁명과 활판 인쇄의 보급으로 세계, 특히 유럽에서는 계몽주의가 꽃을 피웠다. 그때까지 특정 계급이 누리던 배움에 의한 은혜를 많은 사람들이 체험할 수 있게 된 것이다. 결과적으로 세상에 만연한 부정과 불공평은 현실이 되었고, 사람들은 오랜 기간 이유 없이 복종을 강요받아 왔던 사회제도에 대해 의문을 안게 되었다. 많은 나라에서 시민혁명이 일어났으며 점차적이지만 세상은 평등한 사회로 변혁되어간다. 그리고 20세기에 일어난 두 번의 세계대전으로 인류는 침략을 위한 전쟁에 결정적으로 혐오를 느끼기에 이른다. 물론 대의명분과 전쟁을 정당화하려는 움직임은 여전히 존재하지만 대규모 전쟁은 사실상 어려워졌다. 또 느리기는 하지만 인종차별과 성차별에 대한 인식도 바뀌어서 2015년에는 드디어 미국에서 동성혼이 합법화되기도 했다. 많은 운동가와 사상가들의 활약이 이러한 사회적 변혁의 배경에 있었다. 19세기 이래 작가와 화가, 음악가와 같은 아티스트들 역시 많은 작품을 통해 세상을 향해 "생각해라, 그리고 행동해라."라고 외쳐왔다. 그것은 키에르케고르와 니체와 같은 철학자들의 외침이기도 했고, 혹은 도스토예프스키나 카뮈, 사르트르와 같은 작가들에 의해 전 세계로 퍼져나간 것이기도 했다. 결과적으로 그들, 현상에 반대하여 나의 길을 살아낸 사람들은 주위로부터 이질적인 존재로 여겨졌으며 고독한 길을 걷게 된다. 콜린 윌슨은 그러한 사람들을 '아웃사이더'라고 불렀으며 위인이건 범인이건 그 말로에는 파멸이 기다리고 있다고 논하며, '아웃사이더 사이클'이라고 불리는 일련의 저작을 통해 해결책을 찾아내고자 했다. 그러나 결과적으로는 결론에 이르지 못하고 끝맺고 있다.

아웃사이더들의 이야기

흥미로운 것은 문학이건 영화이건 이 시대 콘텐츠의 대부분이 아웃사이더를 주인공으로 그리고 있다는 점이다. 그들의 체험을 통해 세상의 부조리와 모험을 그리고 있는 것이다. 화성으로 육체이동한 존 카터도, 오즈의 나라를 헤매는 도로시도 그리고 농민들에게 고용되어 산적 퇴치에 나선 7인의 사무라이도 예외 없이 아웃사이더였다. 애당초 구로사와 아키라 감독 자신이 일본 영화업계에서는 아웃사이더적 존재였는데, 그가 그려온 캐릭터들 역시 아웃사이더인 것이다. 구로사와 데뷔작의 주인공 스가타 산시로와 히가키 겐노스케가 그러하다. <호랑이 꼬리를 밟은 남자들>은 요시쓰네와 벤케이라는 역사적 아웃사이더를 그린 영화다. <내 청춘에 후회는 없다>는 파시즘에 저항하며 살아가는 여성을 그린 작품이다. 나아가 <주정뱅이 천사>의 의사 사나다와 야쿠자 마쓰나가, <들개>에서의 무라카미 형사와 범인 유사의 구도는 선과 악, 양쪽에 존재하는 아웃사이더의 고뇌를 그리기 위한 장치다. 그리고 <이키루>는 위암에 걸린 것을 계기로 오랫동안 인사이더로서 살아 왔던 시청 과장 와타나베가 아웃사이더로서의 삶을 발견하며 칠전팔기의 끝에 작은 공원을 만들고 세상을 떠나가는 이야기이다. 앞서 언급했듯 이야기의 주인공들은 기본적으로 시대의 흐름 때문에 아웃사이더가 되는 경우가 많다. 관객이나 독자에게 비일상을 제공하는 오락작품의 역할을 생각한다면 필연적이기는 하다.

공생이라는 테마

그런 가운데에서도 구로사와의 작품에는 한 가지 공통된 테마가 있다. 그는 이렇게 말한다. "왜 사람들은 모두 함께 행복해질 수가 없는가." 루카스는 말한다. "그는 역사에 남을 만한 질문을 현대적 표현으로 묘사했다. 구로사와는 언제나 그 물음에 강렬한 형태로 답해 왔던 것이다." 구로사와가 추구하고, 루카스가 계승한 테마는 바로 공생이다. 그것 역시 시대가 추구하고 이상적으로 여긴 모습이다. 니체도 공생을 강하게 호소한 철학자였다. 그는 부정을 반복하면서 사색을 계속하여 결국에는 긍정이라는 경지에 이르렀다. 그는 『짜라투스트라는 이렇게 말했다』에서 주인공 짜라투스트라에게 대변하게 한다. 모든 것을 긍정하여 모든 것을 받아들이고 함께 살아나간다. 그는 그 경지를 초인이라고 부른다. 초능력 같은 것이 아니다. 니체는 사람, 즉 '아무 것도 생각하지 않고 단지 살아나갈 뿐인 사람'은 고

뇌하고, 노력하여 많은 것을 이해하고, 결국 '사람을 넘은 자'가 될 수 있다고 말한다. 그러나 그런 경지를 기술할 수는 있었어도 니체 자신 역시 현실에서는 '초인'은 되지 못했고, 이해해주는 사람을 얻지 못한 채 절망하여 발광과 죽음을 맞이한다. 그럼에도 모든 것을 긍정하고 공생한다는 생각은 인류가 도달할 수 있는 하나의 이상적인 모습임에는 틀림없을 것이다. 니체의 이 저작은 후에 리하르트 슈트라우스가 교향시 「짜라투스트라는 이렇게 말했다」를 통해 음악으로 재현했다. 음악의 도입부는 스탠리 큐브릭의 <2001 스페이스 오디세이>에서 사용되며 세계적으로 유명해졌다. 유명해진 것은 곡의 도입부뿐이지만, 그 외에도 여러 모티프가 전개되고 곡의 종결부에 이르면 자연의 모티프와 인간의 모티프가 번갈아 나타나며 결코 섞이지 않는다. 그것은 자연과 인간과의 대립이기도 하며 동시에 공생해 나가야 한다는 메시지이기도 하다.

큐브릭과 구로사와

큐브릭은 리하르트 슈트라우스의 음악을 이해하고 자신의 영화에 사용했을까. 물론이다. <2001 스페이스 오디세이>에서는 인간의 새벽이라고 명명된 시퀀스에서 인류의 선조가 되는 유인원이 은하계 외부의 지적 생명체가 보낸 모노리스를 접하고 도구를 사용하는 법을 학습한다. 그리고 지구 지배자로서의 여정을 걷기 시작하는데, 이 도구 학습 장면에서 퍼스트 신에 이어 「짜라투스트라는 이렇게 말했다」의 도입부가 다시 흘러나온다. 영화의 마지막, 스타게이트라고 불리는 빛의 홍수를 통과한 닥터 보우먼은 사람을 넘어선 존재(스타 차일드)로 다시 태어난다. 지구를 바라보면서 세 번째로 연주되는 「짜라투스트라는 이렇게 말했다」와 함께 영화는 끝을 맺는다.

이 작품에서 그려지고 있는 것은 인류의 진화 그리고 사람을 넘어선 존재가 된 보우먼과 인류의 공생이다. 큐브릭은 이 테마를 지극히 철학적인 수법으로 그렸는데 거기에 니체의 저작을 소재로 한 교양시를 함께 사용한 것이다.

한편 구로사와는 루카스가 지적한대로 그만의 다이나믹한 표현과 스토리텔링을 통해 공생을 그려 왔다. 전형적인 예가 구로사와가 소비에트에 초빙되어 만든 <데루스 우잘라>이다. 문명사회로부터 온 아르세니에프가 고리도 족 사냥꾼인 데루스 우잘라를 만난다. 자연과 공생하고 있는 데루스의 삶, 그에 대한 아르니세프의 동경의 눈 그리고 문명사회를 접하면서 파멸해가는 데루스. 대자연의 장대하면서 가혹한 정경을 배경으로 바람 소리와 새와 짐승이 우는 소리 등의 자연음이 스테레오 음향을 통해 효과적으로 강조되어 이 작품이 가진 테마를 훌륭하게 부각시킨다.

스타워즈의 근간을 이루는 테마

그렇다면 스타워즈의 경우는 어떨까. 여러 종족으로 구성된 은하공화국은 종족마다 독립되어 자치를 이루어야만 한다는 분리주의세력에 의해 위기를 맞이한다. 그리고 최종적으로 분리주의자가 이끄는 독립 혹성 연합은 파르티잔에 의해 창설된 은하제국 앞에서 패배한다. 그 결과 제국의 시대, 휴머노이드의 지배하에 에이리언 종은 박해받는다. 즉, 공생이 실현되었던 시대와 그 붕괴가 에피소드1~3의 세계이며, 그 상황을 반대한다고 외친 반란동맹세력이 승리하게 될 때까지가 에피소드4~6의 세계이다. 또한 공생이라는 점에서 본다면 포스의 근원이라고 여겨지는 미디클로리안은 여러 물질 속에 존재하며 공생해

나가는 생물이다. 이 미디클로리안과의 공생도 제다이 기사단이 탐구하고 있는 분야이다. 게다가 누가 보더라도 성가신 자자 빙크스도 공생을 이야기하는 데 있어 빼놓을 수 없는 캐릭터다. 결과적으로 <에피소드1: 보이지 않는 위험>에서 자자 빙크스와의 만남으로 인해 오비완은 콰이곤 진과 재회할 수 있게 된다. 나아가 자자 빙크스의 중개로 아미달라 여왕은 건간족과 회담할 수 있는 기회를 얻어 "함께 살아나갈 운명이다"라고 보스 나스를 설득하였고 통상 연합과의 결투가 가능하게 된다. 특히 에피소드1에서는 공생이라는 테마가 선명하게 드러나도록 묘사하고 있다. 에피소드6까지를 조감해본다면 반란군의 목적은 공화국의 재건이며, 그것은 동시에 제국의 탄생과 함께 잃어버린 은하계 공생의 부활이기도 하다. 그것이야말로 정말로 루카스가 구로자와에게 이어 받은 테마이며, 스타워즈의 근간에 흐르는 것이기도 하다.

빛과 그림자를 받아들이다

이번 제3장의 끝에서는 루크 스카이워커라는 캐릭터의 특이점에 대해 살펴보려고 한다. 잘 알려져 있듯, 에피소드1~6은 아나킨 스카이워커의 이야기이다. 전반 3부작(에피소드1~3)에서 그는 어둠의 세계로 타락하였고, 후반 3부작(에피소드4~6)의 마지막에서 그는 구원받는다. 아나킨의 인생은 언제나 부정의 연속이었다. 제다이 후보로서 평의회의 심사를 받은 그는 잠재적 가능성을 인정받으면서도 거부당한다. 그러나 콰이곤의 유언으로서 아나킨은 제다이가 되기 위한 수행을 허가받지만, 제다이의 룰을 따르려고 하지 않았기 때문에 항상 문제아 취급을 받아 왔다. 결국 아나킨은 타락하여 시스의 암흑군주 다스 베이더가 되고 마는데 그의 마음 속 깊은 곳에 남아 있던 선한 마음마저도 계속 부정된다. 오직 루크 만이 오비완 케노비와 요다마저도 받아들이지 않았던 아나킨의 교화 가능성을 받아들였고 믿었으며 그리고 실현시켰던 것이다.

루크는 아나킨의 아들이다. 같은 피가 흐르는 부자의 정이 크게 작용했던 것은 틀림없다. 하지만 여기에는 오비완, 요다 그리고 레아와 황제마저도 부정했던 아나킨의 가능성을 루크 단 한 사람만이 긍정했다는 사실에 주목하고 싶다. 시리즈 속에서 제다이 기사의 상징과도 같은 광선검 분실이 반복해서 그려지고 있다. "이 무기는 당신의 목숨이다"라는 대사와 함께 광선검의 존재의미가 강조된다. 하지만 루크는 황제를 앞에 두고 스스로 광선검을 버린다. 그것은 은하의 수호자로서 신뢰받아 왔던 제다이 기사단의 정신을 부정하는 동시에, 보다 큰 것을 긍정하는 행위이다. 즉, 빛의 편과 어둠의 편, 포스 양쪽에 대한 긍정이며, 그것이야말로 에피소드1에서 세 번에 걸쳐 이야기 되어 온 포스에 균형을 가져다준다는 예언의 진짜 의미였던 것이다. 포스는 빛과 어둠, 둘로 나뉘어 있지 않다. 어디까지나 측면이 있을 뿐이다. 빛이 있으면 그림자도 있다. 있는 그대로의 모습을 받아들이고 균형을 잡으면서 제어하여 함께 살아 나간다. 그것이야말로 스타워즈라는 장대한 이야기가 그려내려고 한 철학이다.

제4장
루카스 픽처스에서 디즈니로(1)

ABOUT STAR WARS

STAR

제4장 루카스 픽처스에서 디즈니로(1)

WARS

작가로서의 조지 루카스

작가로서의 조지 루카스는 디즈니와 공통점이 많은 동시에 다른 부분도 있다. 여기서는 조지 루카스와 디즈니의 차이를 살펴보는 것으로 루카스가 스타워즈를 통해 이루고 싶었던 것과 디즈니 체제에 의해 무엇이 계승될 것인가를 밝히고자 한다. 물론 디즈니 체제는 변화를 가져 올 것이다. 그 변화가 긍정으로 작용할지에 대해서도 전망해보려고 한다.

스타워즈를 낳은 조지 루카스는 영화 감독이다. 메이저영화 감독, 독립 영화 감독, 로맨스 영화 감독, 드라마 영화 감독, 오락영화 감독, 예술 영화 감독 등 영화 장르의 수만큼 영화감독을 분류할 수 있다. 그렇다면 루카스는 어디에 속하는 감독인가. 루카스는 세계적인 히트작 스타워즈 외에도 큰 인기를 얻은 <인디아나 존스> 시리즈를 제작했다. 또한 오락 작품에는 빼놓을 수 없는 특수 시각 효과 분야에서 최대 회사가 된 ILM을 창설하였고, 오늘날 '타율 10할'을 자랑하는 픽사 역시 루카스 필름 내 일개 부서에서 시작했다. 이런 사실로 미루어 사람들은 조지 루카스를 오락영화의 명수로 여겨왔다. 그러나 데뷔작 <THX1138>을 떠올린다면 영상 작가로서의 루카스를 오락영화 감독이라기보다 전위적이며 실험적인 예술영화를 만들어온 감독으로 파악하는 편이 맞는 것 같다.

루카스는 자신의 비전을 표현하는 데 있어 고집이 강하다. 그런 자세는 남 캘리포니아 대학에서 영화를 공부했던 시절부터 바뀌지 않았다. 최초로 제작한 단편 영화 <Look at Life>(1965)는 60초 내에 인생을 표현하라는 과제에 맞춰 제작한 것이었는데, 빠르고 흥겨운 곡에 비참한 사진을 무수히 몽타주하여 교내에서 크게 평가를 받았다. 이후에도 <Herbie>(1966), <The Emperor>(1967) 등 의욕적이면서 전위적인 작품으로 교수들을 감탄시켰다. 스탠더드 사이즈, 흑백 작품, 5분 이내 등의 제약이 있더라도 그는 자신의 비전을 표현하기 위해서라면 와이드사이즈, 칼라, 30분을 넘는 상영시간으로 영화를 제작하며 아무렇지 않게 룰을 깼다. 교수들도 그의 작품을 보고 싶은 마음에 그것을 묵인했을 정도였다. 루카스는 <THX1138 4EB>로 대학생영화제 그랑프리를 획득한다. 이 작품과 마찬가지로 극장 데뷔작 <THX1138> 역시 고도로 통제된 사회로부터 벗어나 자유를 쟁취하는, 이름도 없이 번호로 불리던 남자의 난해한 이야기이다. THX가 로봇 경찰에게 체포된 후 수용소에서 세 명의 수인이 그에게 철학을 논하는 장면이 있다. 여기서 등장하는 인물들(PTO, NCH, SRT)의 이름은 플라톤, 니체, 사르트르에서 따온 것인데, 그만큼 루카스는 대중의 반응은 안중에도 없었던 것이다. 덧붙여, 주인공의 이름인 'THX1138'은 당시 루카스의 집 전화번호 '849-1138'에서 따왔다고 한다.(849를 버튼으로 표기된 알파벳으로 바꾸면 THX가 된다)

왜 루카스는 오락 작품에만 전념했는가

루카스는 다음 작품 <아메리칸 그래피티>에서 대중적인 영화를 만들기로 노선을 전환한다. 무엇보다 <THX1138>이 흥행에 참패하여 영화 감독으로서 생사의 갈림길에 내몰렸기 때문이다. 흥행 없이는 미래가 없다고 생각한 루카스는 대중, 특히 젊은 관객을 끌어들일 수 있는 영화를 만들어야만 했다. 뒤 이은 <스타워즈>도 같은 이유로 만든 작품이지만, 그의 영화에 대한 자세에 큰 변화는 없었다. 그는 <스타워즈>와 <인디아나 존스> 제작과 병행하여, 구로사와 아키라 감독의 <카게무샤>, 로런스 캐즈던 감독의 데뷔작 <보디 히트>, 폴 슈레이더 감독의 문제작 <MISHIMA>의 프로듀서를 맡으며 영화가 가진 폭넓은 가능성과 그에 종사하는 사람들을 계속해서 지원해왔다.

2005년 <시스의 복수>로 스타워즈가 일단 완결되자, 제2차 세계대전 중에 활약한 흑인 전투기 부대를 소재로 하여 <레드 테일스>(2012)를 제작했으나 결과는 좋지 못했다. 루카스는 상당히 낙담하여 "이런 영화가 좋은 평가를 받지 못한데 실망했다"고 말했다. 그 후 그는 정식으로 은퇴를 표명한다. 소규모 실험영화 제작의 가능성은 남겨두었지만, 영화의 공식 무대에서는 시원하게 모습을 감춘 것이다. 물러날 때의 모습, 고집부리지 않는 모습 역시 루카스의 장인 정신과 예술가 정신에 기인한다고 생각한다. 그렇다면 철저히 오락성만을 추구한 <아메리칸 그래피티>와 <스타워즈>는 그의 작가성이 억제된 작품이었을까? 물론 대답은 'NO'다. 유니버설의 중역들은 얼핏 보기에 특별한 플롯이 보이지 않는 스토리, 익숙한 음악이 끊임없이 이어지는 <아메리칸 그래피티>를 이해할 수 없었다. 하지만 영화 배경에 끊임없는 흐르는 음악의 효과는 차기작 <스타워즈>에서 관현악과 라이트모티프*를 자주 사용하는 형태로 진화하였고, 이 영화를 계기로 당시 업계에서 없어지다시피 한 오케스트라에 의한 오리지널 사운드트랙이 부활하게 된다. 스튜디오는 배경 음악의 수정을 계속해서 요청했으나 루카스는 그때마다 거절했다고 한다.

대중의 바람을 무시한 영화

첫 개봉작 <스타워즈>를 비롯하여 그 후의 스타워즈 시리즈가 세계적인 흥행을 거두었기 때문에 사람들은 루카스의 대중성에 주목하기 마련이지만, 실은 <스타워즈>만큼 대중의 바람을 무시한 영화도 없다. <스타워즈> 속편 제작이 발표되었을 때 대중의 반응은 두 가지로 갈렸다. 기대의 목소리와 속편 따위 만들면 작품에 흠이 날 것이라는 불만의 목소리였다. 제1장에서도 언급했지만 그것은 당시 대부분의 속편 영화가 실패했기 때문이었다. 실패한 속편은 대부분 베스트셀러 원작을 영화화하여 크게 히트한 후, 전작과 비슷한 스토리를 독자적으로 제작하여 전작의 성공에 기대어 안이하게 제작된 영화들이다.

* Leitmotiv. 음악이 극중의 특정 상념, 인물, 감정, 사물 등과 결부되어 사용되는 것을 말한다.

감독과 주요 캐스팅이 변경되고 예산도 줄어들며 시시한 요소를 모두 갖추고 제작된 경우가 대부분이었다. <대부 II>만큼은 예외였는데, 마리오 푸조의 쓴 원작에서 아직 사용되지 않은 부분을 기초로 푸조와 코폴라가 함께 새로운 스토리를 만들어 냈다. 파라마운트는 영리 목적으로 제작을 결정했지만, 코폴라 감독은 예술적으로 새로운 측면을 그려낼 수 있다고 확신했고, 결국 성공할 수 있었던 것이다.

루카스 역시 코폴라와 같은 태도로 속편 <제국의 역습> 제작에 임했다. 미디어를 통해 루카스의 의도가 전해지자 팬들은 안도했지만, '졸작은 면하겠지' 하는 희망적 관측에 지나지 않았다. 훗날 <제국의 역습>은 시리즈 중 최고작으로 평가되지만, 개봉 당시에는 졸작은 아니지만 기대에는 미치지 못했다는 의견이 대다수였다. 그도 그럴 것이 첫 작품과 같은 권선징악적인 이야기가 아니라 제목에서 알 수 있듯 제국의 역습에 의해 주인공들이 역경을 겪는 이야기의 구조가 대중의 기대를 배신했기 때문이다. 루카스는 첫 작품을 구상할 때 점점 확장된 이야기를 세 부분으로 나누었고, 속편 제작 권리를 확보함으로써 상업주의적인 속편이 아니라 작가로서 자신의 비전을 완결시킬 수 있었다. 그의 작가로서의 비전은 영화에서도 잘 나타난다. <스타워즈>에서 루크의 지도자였던 오비완 케노비가 죽자 속편에서 오비완을 대신할 새로운 제다이 마스터를 등장시켜야 했다. 프로듀서인 게리 커츠는 십계에 등장하는 모세 같이 위엄 있는 풍모의 노인을 떠올렸다. 그러나 루카스는 개구리 같은 녹색의 작은 생물체인 '요다'를 만들어 냈다. 메이크업 아티스트인 스튜어트 프리본은 루카스의 비전에 따라 자신의 얼굴과 아인슈타인의 얼굴을 합성해서 디자인했다. 그렇게 태어난 요다의 캐릭터성과 풍모는 루카스가 생각하던 그대로였다.

〈제다이의 귀환〉에 대한 실망

요다라는 캐릭터는 현재에 이르기까지 많은 팬으로부터 절대적인 지지를 받고 있기 때문에 루카스가 고집한 요다의 모습이 문제된 적은 없었다. 그러나 세 번째 개봉작 <제다이의 귀환>에 등장한 이웍 족의 경우 팬들의 맹렬한 반대에 부딪힌다. <제다이의 귀환>은 오리지널 3부작의 완결편에 해당하며 대단원을 맞이한다. 전작에서 주인공들을 역습한 제국은 최종적으로 황제의 죽음과 함께 파멸 상태에 빠지며 끝을 맺는다. 이야기는 거대한 해피엔딩을 향해 지극히 천진난만하게 진행되었고, 시니컬함이 매력이었던 한 솔로마저 원래의 역할을 끝내고 코미디 릴리프*를 맡아 관객의 웃음보따리를 자극했다. 하지만 테디베어 같은 귀여운 모습을 한 삼등신의 이웍 족에게 제국군이 패주하는 모습을 본 팬들은 실망감을 감추지 못했다. 마침 <제국의 역습> 비디오가 발매되었고 제국군을 다시 볼 수 있게 된 팬들이 개봉작 <제다이의 귀환>보다 전작에 푹 빠진 것도 당연한 결과였다. 거기에는 제국의 한심한 모습은 조금도 보이지 않는다. 오로지 냉혹하며 무자비한 제국군의 모습만을 그저 멋지게 보여주었던 것이다. <제국의 역습>을 반복해서 본 팬들은 루카스가 이 작품을 통해 말하고 싶었던 본질을 겨우 이해하게 된다. <제다이의 귀환>이 개봉됨으로써 <제국의 역습>의 어중간한 결말도 의문이 풀리게 된다. 이런 점에서 <제다이의 귀환>은 당시 시리즈 중 가장 좋지 않은 평가를 받았다.

원시 종족인 이웍 족이 제국군을 격파한다는 설정은 <지옥의 묵시록>에서 낮은 기술적 수준을 가진 베트콩이 고도의 기술을 가진 미군을 격파하는 묘사를 루카스가 나름대로 각색한 것이다. 그것은 물량주의 일변도 시대에 대한 야유 섞인 메시지이기도 했고, 약자로 여겨지던 존재도 의지와 노력으로 승리를 거머쥘 수 있다는 메시지이기도 했다. 그러나 루카스의 의도는 관객에게 전달되지 않았다. 게다가 그것을 이해하기에 이

* 긴장된 장면에 희극적인 장면을 삽입하여 긴장감을 덜어주는 기법.

웍 족의 외양은 지나치게 귀여웠다. 이웍 족의 모습을 본 관객은 루카스의 의도를 읽어내기 전에 불편함을 느끼고 말았던 것이다.

특별편의 파문

<제다이의 귀환>이 최악의 작품이라는 오명을 벗기 위해서는 1999년 개봉한 <보이지 않는 위험>의 자자 빙크스의 등장을 기다려야만 했다. 그 전에 루카스는 오리지널 3부작을 특별편의 형태로 손보았다. 그것은 <스타워즈> 개봉 20주년을 기념한 리바이벌 개봉을 위한 것이었다. 이때 루카스는 오리지널 3부작 개봉 당시 예산과 기술적인 이유로 포기했던 신을 새로 제작해 작품에 포함시켰다. 팬들은 새로운 장면의 존재에 큰 기대를 걸었지만, 개봉 후 "이것이 현재 스타워즈의 형태인가, 과거 버전을 봉인하겠다."라고 선언한 팬도 있었을 정도로 큰 반발을 불러일으켰다. 개봉 20주년이 된 시점에서 극장 첫 개봉작은 팬들의 DNA를 깊이 물들인 추억의 작품이었다. 그것을 봉인해버리겠다는 그 분노를 이해할 수 있다. 스타워즈는 조지 루카스의 작품이다. 창작자인 그가 자신의 비전을 실현시키기 위해 수정을 가한 것이다. 중요한 것은 여기서 오락작품으로서

의 스타워즈와 작가 루카스의 창작물로서 스타워즈가 명확히 갈라져버렸다는 것이다. 세간은 계속해서 전자의 자세를 고집하며 루카스를 불신한다.

왜 팬들은 '프리퀄 3부작'에 반발했는가

<보이지 않는 위험>이 개봉하자, 오리지널 3부작과 함께 했던 세대들은 루크의 아버지인 아나킨 스카이워커의 이야기를 다룬 프리퀄 3부작(에피소드1~3)에 불만을 느낀다. 프리퀄 3부작은 첫 번째 개봉작인 <새로운 희망>보다 수십 년 이전의 시대를 다루며, 제국 탄생 직전의 은하공화국 말기를 그리고 있다. 오리지널 3부작이 단순한 모험 활극인 반면, 프리퀄 3부작은 액션 신이 많기는 하지만 펠퍼틴에 의한 음모극이 주축을 이룬다. 루카스도 "최초의 3부작은 음모에 대한 이야기이다."라고 발언했다. 그럼에도 불구하고 많은 팬들은 자신의 상상 속의 스타워즈를 기대했다. 때문에 기대가 충족되지 않고 이야기가 종결되자, 오래된 팬들은 프리퀄 3부작을 용서하지 못했다. 프리퀄 3부작 따위 인정할 수 없다고 말하는 팬들까지도 있었다. 실제로 프리퀄 3부작은 오리지널 3부작의 세계관과 동떨어진 요소가 많다. 특히 오리지널 3부작에서 높이 평가되었던 지

저분한 우주선 디테일은 더 이상 보이지 않았고, 모든 것이 반짝반짝하다. 이는 이야기가 다루고 있는 사회와 계층이 전혀 다르기에 생겨난 차이점이었지만, 팬들은 이전의 연장선상에서 영화가 진행되길 원했다. 루카스는 역시 그런 점을 배려하려 노력했지만 그렇다고 해서 이야기의 골격까지 바꿀 수는 없었다. 개인적으로도 오리지널 3부작의 세계관과 질감이 더 마음에 들지만 그렇다고 왕족이 밀수업자가 개조한 낡아빠진 우주선을 사용하는 장면은 보고 싶지 않다. 만약 그렇게 작품을 만들었다면 "루카스도 몰락했구나."라는 생각이 들지 않을까.

완결 후의 분위기

그 외에도 프리퀄 3부작에서는 영화의 초반을 제외하고 유명한 스타워즈의 테마곡을 거의 쓰지 않았다는 불만도 있었다. 그 테마곡은 애당초 루크의 모티프로 그의 등장을 음악적으로 표현하는 것이었다. 때문에 프리퀄 3부작에서는 좀처럼 사용될 일이 없었는데, 그런 이유를 아는 팬들은 없었다. 또한 프리퀄 3부작에서는 하이퍼스페이스를 이동할 때 무수한 별들이 선상으로 흘러가는 연출을 사용하지 않음으로써, 에피소드 순으로 스타워즈를 감상할 관객을 배려했다. 루카스는 에피소드

1부터 에피소드6까지, 장대한 하나의 이야기로서 스타워즈 사가를 구축해왔다. 그러나 전 세계 10억 팬들의 욕구는 거의 무시해왔다. 다시 말해 스타워즈는 루카스라는 작가의 작품일 뿐, 관객들의 반응에 따라 그 후의 전개를 바꾸는 상업주의적인 작품은 아니었던 것이다. 어쨌든 스타워즈 사가라는 작품군은 전 세계 팬들의 애증이 뒤섞인 와중에 2005년 <시스의 복수>로 일단 완결되었다. 2008년 애니메이션 <클론 워즈>가 시작되어 어린이들을 중심으로 인기를 모았지만, 실사판 새 시리즈를 제작해 달라는 팬들의 목소리는 기대했던 것보다 크지 않았다. <시스의 복수>를 끝으로 조지 루카스는 스타워즈 시리즈를 떠났고, 팬들 역시 마음 속 어딘가에서 루카스가 빠진 스타워즈는 상상할 수 없다고 생각했기 때문일 것이다. 시간이 흐른 지금, 그것은 팬들의 마음속에 얼마나 확고하게 작가 조지 루카스가 자리 잡고 있는 지를 잘 보여주는 것이다. 스타워즈 시리즈가 완결되었다는 체념과 막다른 골목에 다다른 듯한 상황은 불과 7년 후에 대전환을 맞이하게 된다.

스타워즈는 이미 죽었다

루카스 필름이 디즈니에 매수되었다는 충격적인 발표가 있기 약 2개월 전인 2012년 8월 말, 나는 플로리다 올랜도에서 개최된 스타워즈 셀레브레이션6(C6)의 행사장에 있었다. 2015년에 애너하임에서 열린 셀레브레이션7의 경우, 일본 미디어도 앞다투어 취재하며 행사 모습을 방송했다. 하지만 C6에는 일본 미디어는 물론 다른 나라의 미디어 역시 보이지 않았고, 미국 미디어마저도 지극히 적은 수만 취재했을 뿐이었다. 그럼에도 행사장은 세계에서 모여든 스타워즈 팬들로 가득 찼고 연일 이벤트와 파티로 분위기는 고조되어 있었다. 영화에서 사용되었던 실물 크기의 랑코어와 자바 더 헛, 스피더 등이 상설 전시되어 있고, 세계에서 모인 고독한 오타쿠들을 위한 만남의 장으로 '스피드 데이트 코너'도 상설되었다. 많은 남성 팬들은 스피드 데이트에 참가했지만 모두 입을 모아 "그다지 좋은 여자 없었는걸."이라고 말했다. 마찬가지로 여기에 참가했던 여성들도 "그다지 좋은 남자도 없었는걸."이라고 말하며 안타까워했다. 그 외에도 행사장에는 자신의 카본 냉동 피규어를 만들어 주는 서비스, 스타워즈와 관련된 타투 부스 등 스타워즈 관련 행사로 가득했다. 그러나 그 속에서 내가 느꼈던 것은 "스타워즈는 이미 죽었다."는 것이었다.

스타워즈를 둘러싼 정체감

부정적인 표현이지만 실제로 그렇게 느꼈다. 확실히 행사장의 분위기는 고조되어 있었지만 동창회 같은 분위기였고, 수만 명의 입장객에도 불구하고 이미 서로가 아는 사이인 듯 했다. 5년 전 일본에서 열린 '셀레브레이션 재팬'과 규모에 차이는 있지만 분위기는 그다지 다르지 않았다. 닫힌 공간 안에서 동료들끼리 즐긴다는 느낌이었다. 어쩌면 당연한 결과였다. <시스의 복수>가 개봉되고 7년이 지났고, 신작은 애니메이션인 <클론 워즈> 정도밖에 없었으며, 실사 영화에서는 과거의 작품을 3D로 바꾸는 정도의 움직임만이 있었다. C6에서 발표되었던 <클론의 습격>의 3D판은 확실히 훌륭한 완성도를 보여주었고, 누구나가 빨리 보고 싶어 했지만 어차피 과거의 작품을 3D화한 것에 지나지 않았다. 분위기가 고조되었기는 하지만 그렇게 대단한 것은 아니었다. 신작 제작에 대한 소식도 들리지 않는 채 세월이 경과했음에도, 팬들은 언제나처럼 분위기를 즐기고 있는 듯 했다.

C6가 종료하자 나는 그대로 로스앤젤레스로 달려가 배우

를 하고 있는 미국인 친구와 만났다. 스타워즈 팬이었지만 그는 C6에는 가지 않았다. 이유를 묻자 그는 즉답했다. "아무 것도 새로운 것이 없으니까. 매년 같은 일을 반복하는 것은 의미가 없어. 셀레브레이션에 갈 시간이 있다면 나는 단연코 코믹콘에 갈 거야." '코믹콘'이란 샌디에고에서 매년 개최되는 코믹 컨벤션을 말한다. 최근에는 할리우드 오락작품의 발표가 모두 코믹콘에 중점을 두어 진행되고 있다. 여러 회사가 모여든다. 코믹콘은 스타워즈만을 대상으로 하지 않는다. 게다가 새로운 요소가 거의 없는 셀레브레이션과는 분위기가 다르다. 동의하지 않을 수 없었다. 나 역시 스타워즈는 이미 죽었다고 생각했지만 그 증거를 제시당한 듯해서 왠지 쓸쓸해졌다.

루카스와 디즈니의 인연

우리들은 스타워즈의 문제점이 무엇인지 이야기했다. 그는 갑자기 의미심장한 표정으로 이렇게 말을 꺼냈다. "아무래도 루카스는 스타워즈를 팔지도 몰라." 나는 놀라기는 했지만 루카스가 은퇴를 표명하고 캐슬린 케네디에게 루카스 필름을 맡긴 사실, 재혼 직전이라는 점을 생각하면 결코 불가능한 이야기가 아니라고 생각되었다. "과연, 그럴지도 모르겠네. 판다면 상대는 디즈니 이외에는 생각할 수 없는데." 그런 추측은 그다지 어렵지 않다. 루카스가 스타워즈의 사업을 확대해 나갈 때 가장 참고했던 회사가 디즈니였기 때문이다. 저작권 관리와 캐릭터 보호, 머천다이징 전개 방법 등 모두 디즈니를 참고했다. 또한 디즈니랜드에 '스타 투어즈'라는 스타워즈 어트랙션이 개설되었고, 루카스가 마이클 잭슨이 주연한 3D 뮤지컬 <캡틴EO>의 제작을 맡는 등 꽤 이른 단계부터 루카스는 디즈니와 좋은 관계를 쌓아 왔다.

게다가 그 즈음 루카스 필름은 스타워즈의 실사판 TV시리즈를 준비하고 있었는데, 제작비가 많이 드는데다가, 방송국에서 작품을 구매할지 여부도 알 수 없었다. 디즈니라면 4대 네트워크 방송국 중 하나인 ABC가 산하에 있었기에 그런 불안요소는 없어진다. 디즈니라면 제작비 걱정도 없다. 또한 관련 상품의 개발, 관리, 보호에 관해서 디즈니를 뛰어 넘는 실적을 가진 영화사는 존재하지 않는다. 그런 의미에서도 스타워즈가 매각된다면 그 상대는 디즈니밖에 없다고 예측하는 것은 어렵지 않았다. 예상 외였던 것은 <에피소드7>으로 시작하는 시퀄 3부작을 제작해서 순차적으로 개봉해 나갈 것이라는 점이었다. 이 또한 냉정하게 생각하면 당연한 결말이었다.

왜 디즈니는 신작을 만드는가

아무리 스타워즈가 인기 콘텐츠라도 가장 많은 수익을 얻은 시기는 언제나 신작이 개봉될 때였다. 영화 흥행수입, 비디오 판매와 더불어 다양한 장르의 굿즈도 신작이 나올 즈음하여 신상품이 개발되면서 막대한 판매고를 기록한다. 영화가 개봉될 때 타이업 계약을 체결한 기업이 스타워즈의 캐릭터와 의장을 사용하여 판촉물을 제작하면서 훨씬 많은 이익을 얻게 된다. 그런 콘텐츠에 대한 모든 권리를 매수하면서 디즈니가 신작을 제작하지 않을 리 없다. 따라서 루카스 필름 매수 발표와 함께 새로운 3부작을 제작하겠다고 발표한 것은 당연한 결말이었다.

그러나 디즈니는 루카스 없이 스타워즈를 제작해 나가야만 한다. 루카스가 프로젝트의 중심에 남아있었다면 애당초 루카스 필름을 매각 할 필요도 없었겠지만, 루카스 사후에 프로젝트는 흔들리게 될 것이다. 게다가 이렇게 거대한 세계관을 가진 콘텐츠 제작을 간단히 받아들일 감독은 그리 많지 않다. 스타워즈 연출에 대한 의욕을 강하게 표현하여 <제다이의 귀환>의 감독으로 내정되기까지 했던 스티븐 스필버그조차도 금방 포기를 선언했을 정도다. 결국 <에피소드7>은 J.J. 에이브럼스가 감독하게 되었으나, 그 역시 한번 고사했다. 루카스 필름의 사장 캐슬린 케네디의 끈질긴 설득과 오리지널 3부작을 맡았던 각본가 로런스 캐즈던이 참가한다는 사실이 팬으로 남고 싶다는 그의 의지를 뒤집을 수 있었다. 루카스가 빠진 상태에서 가능한 최상의 제작진을 갖춘 J.J.는 결국 감독직을 받아들였는데, 그의 역할은 단순히 <에피소드7>을 감독하는 데에 그치지 않았다. 총 감독으로서 영화 시리즈, TV 시리즈, 게임, 소설 등 스타워즈에 관한 모든 콘텐츠의 방향성과 세계관을 통일하고, 예전 조지 루카스의 모든 것을 이어받을 것이라고 발표된 것이다.

J.J. 에이브럼스에 대한 기대

J.J.는 2009년 <스타트랙>을 통해 오랜 팬들과 새로운 세대를 동시에 매료시키는 수완을 입증해보였다. 더할 나위없는 인선이었다고 할 수 있겠다. 그럼에도 엄청나게 많은 팬을 보유한 작품인 만큼 불만을 토로하는 사람도 적지 않을 것이다. 디즈니로서는 언젠가 통과해야할 관문이다. 따라서 스스로 스타워즈의 오랜 팬이자, 스타워즈만큼 오래된 팬들을 보유한 <스타트랙>을 성공으로 이끈 J.J. 이외에 중책을 맡길 인재는 없었다고 생각한다. 팬들의 심리를 잘 이해하는 동시에, 감독으로서

루카스의 심리도 이해할 수 있는 J.J.인 만큼 그에게 거는 기대가 크다.

루카스 판이 이미 완결된 만큼, J.J.는 창조주 루카스가 고집했던 것에서 벗어날 수 있다. 때문에 스타워즈다움을 해치지 않는 범위에서 오리지널 3부작에서 인기를 끌었던 캐릭터와 메카닉을 자유롭게 등장시킬 수도 있고, <제다이의 귀환> 제작 때 해리슨 포드와 로런스 캐즈던이 강하게 주장했던 한 솔로의 사망도 스스럼없이 실행에 옮길 수 있다. 물론 후속작의 전개와 관객의 반응을 염두에 두어야겠지만, 적어도 '루카스의 작가성'이라는 속박은 더 이상 없다. 앞으로의 스타워즈는 전 세계의 팬들의 기대를 뛰어넘는 형태로 제작될 것이다. J.J.는 감독으로서는 에피소드7만을 담당하고, 그 후에는 총감독으로서 작품의 총 지휘를 맡는다. 2017년 5월에 개봉될 에피소드8은 <루퍼>를 감독한 라이언 존슨이 맡았으며, 2019년 개봉될 에피소드9는 <쥬라기 월드>로 이름을 알린 콜린 트러보로가 연출하게 된다. 이들 감독 모두 첫 작품이 개봉했을 때는 매우 어렸다. 새로운 세대에게 바톤을 넘겨줄 때가 온 것이다.

사가(SAGA)로서의 스타워즈

2015년의 시점에서 스타워즈 사가는 총 9부작으로 알려져 있다. 이것은 조지 루카스가 이전부터 설명해 왔던 시리즈의 개요를 통해 알려진 것으로 구체적으로는 아래와 같다.

에피소드1~3 아나킨 스카이워커의 이야기

에피소드4~6 루크 스카이워커의 이야기

에피소드7~9 루크와 레아의 아이들 세대의 이야기

또한 루카스 필름을 매수한 디즈니가 에피소드7부터 9까지 새로운 3부작을 제작한다고 발표했다는 점에서 팬들은 일단 스타워즈가 총 9부작이 될 것이라 인식하고 있다. 그렇다면 에피소드9 이후 후속작이 제작될 가능성은 있을까? 물론이다. 애당초 스타워즈가 연작이라고 크게 보도되었던 계기는 두 번째 개봉작 <제국의 역습>의 도입부에서 '에피소드5'라는 문구가 나왔기 때문이다. 이로써 서브타이틀 없이 개봉되었던 첫 번째 개봉작 <스타워즈>는 '에피소드4'에 해당된다는 것을 알 수 있었다. 첫 개봉을 기념한 리바이벌 개봉 때에는 '에피소드4 새로운 희망'이라고 에피소드 번호와 서브타이틀이 추가되었다.

1980년대 루카스는 이렇게 설명한다. "<스타워즈> 각본을 집필하던 중 구상이 점점 확대되어 도저히 한편의 영화에는 담을 수 없는 양이 되어갔습니다. 그래서 이야기를 세 파트로 나누고, 먼저 마지막 부분을 영화한 것이죠. (…) 이 이야기를 구상하면서 그 배경에 대해서도 생각했습니다. 루크의 아버지 세대의 이야기입니다. 공화국이 번영하고 제다이 기사단이 전성기를 누렸던 시절의 이야기이며 황제와 베이더의 은하제국이 만들어지는 과정에 대한 이야기. 그것을 또한 3부작으로 제작한다면 처음 개봉한 <스타워즈>는 에피소드4에 해당합니다. 이번의 신작(제국의 역습)은 에피소드5에 해당하죠. (…) 제1화가 아니라 제4화부터 영화화한 이유는 그 부분의 이야기가 가장 상업적이고 알기 쉬웠기 때문입니다. 앞의 3부작은 보다 어둡고 진지하니까요. (…) 제7화부터 제9화는 루크 그리고 레아의 아이들 세대에 대한 이야기가 될 것입니다." 이상이 일반적으로 널리 알려진 스타워즈 사가에 대한 정보의 원점이다.

루카스 발언의 변천

그러나 1983년 <제다이의 귀환> 개봉 후에 루카스의 발언에는 약간의 변화가 있다. "우선 3부작은 완결되었으니 잠시 쉬고 싶군요. 그리고 지금의 특수 시각 효과 기술로는 공화국이 번영했던 시대를 그리기에는 어려움이 있고요. (…) 만약 만든다면 제1화부터 만들게 되겠네요." 이렇게 스타워즈 제작은 잠시 중단된다. 그 후 <쥬라기 공원>을 통해 CG가 특수 시각 효과에 새로운 혁명을 가져다줌으로써 프리퀄 3부작 제작을 향한 길이 열리며 1999년 정식으로 <에피소드1: 보이지 않는 위험>이 개봉되었다.

이 때 루카스의 발언에는 더욱 변화가 생긴다. "스타워즈는 총 6부작으로 완결됩니다. 정식으로 총 9부작이라고 말 한 적은 없습니다. 그것은 출연자들과 나눈 가벼운 조크 같은 것이었죠. 20년, 30년 후에 7~9화를 만들어서 나이든 당신들(마크 해밀과 해리슨 포드)이 알렉 기네스와 같은 역할로 등장하면 재미있겠지, 이렇게 이야기한 것이 다른 식으로 해석된 것이니까요." 루카스가 각종 인터뷰에서 이렇게 대답하자 전 세계의 팬들은 강하게 불만을 드러냈다. 팬들의 분노도 이해가 된다. 과거에 루카스는 분명 '스타워즈는 9부작'이라고 말했기 때문이다. 기자들이 왜곡한 기사였다고 하더라도, 오랜 동안 부정하려고도 하지 않았다. 어쨌건 창조주가 마음을 바꾸고 말았으니 팬들로서는 어찌할 도리가 없었다. 결국 2005년에 <에피소드3: 시스의 복수>가 개봉되자 팬들은 아쉬움과 함께 단념할 수 밖에 없었다.

왜 루카스는 제작 현장을 떠났는가

2012년 디즈니가 루카스 필름을 매수함으로써 새로운 3부작 제작이 발표되었다. 사실 에피소드7은 루카스가 비밀리에 진행하고 있었다. 루카스는 자신의 손으로 새로운 3부작의 밑바탕을 만들고 그것이 무사히 진행된다면 루카스 필름을 매각하고 뒷일을 맡기려고 계획했다. 그러나 디즈니 측이 3부작 제작을 처음부터 통괄하고 싶다고 주장했기 때문에, 매수 후 새로운 3부작이 제작될 것이라 발표되었던 것이다. 이러한 정황으로 미루어보아 디즈니의 루카스 필름 매수는 꽤 이전부터 계획되어 있었음을 알 수 있다.

이와 더불어 루카스가 손을 뗀 이유가 또 한 가지 있다. 오랜 기간 교제하고 있던 실업가 멜로디 홉슨과의 재혼이 현실화되어가고 있었기 때문이다. 실제로 둘은 루카스 필름 매각 다음 해에 재혼했고, 2개월 후에는 첫 자녀인 에베레스트를 얻었다. 스타워즈 제작에 관여한다면 분명 한동안 제작에만 몰두하게 될 터였다. 첫 3부작을 제작하면서 마셜 루카스와 이혼에 했던 루카스는 아이와의 생활을 최우선으로 생각했던 것이다.

12부작 설의 진실

골수팬들 중에는 아직도 납득가지 않는 점이 있을 것이다. 스타워즈 사가가 총 12부작이라는 소문도 있으니까 말이다. 그리고 소문은 사실이다. <제국의 역습> 개봉 2년 전인 1978년 3월, 『타임즈』와의 인터뷰에서 루카스는 "지금 만들고 있는 영화(제국의 역습)를 완성하고, 앞으로 10편의 스타워즈 영화를 제작할 예정이다."라고 말했다. 또한 루크를 연기한 마크 해밀은 2004년 미디어에서 "76년 촬영 때 루카스로부터 스타워즈는 4개의 3부작으로 이루어지며 에피소드9에 카메오 출연해달라고 들었다."고 밝혔다. 실제로 루카스는 11화분의 개요를 써 놓았으며, 그것을 읽은 사람도 있다. 루카스 전기 『스카이워킹』을 쓴 데일 폴락이다. 비밀엄수 의무가 있었기에 내용에 대해서 밝히지 못했지만, 디즈니의 루카스 필름 매수 발표 다음날 넷 미디어와의 인터뷰에서 이렇게 말했다. "12화 중 가장 익사이팅

한 이야기는 7, 8, 9화, 이 세 이야기였습니다. 액션신도 풍부하고, 재미있는 세계와 새로운 캐릭터가 나오죠. 빨리 이 세 에피소드를 보고 싶다고 생각했습니다." 디즈니가 루카스 필름을 매수하고 시퀄 3부작을 제작하기로 결정한 데는 12화 분량의 줄거리가 이미 존재했기 때문이었다. 에피소드7의 촬영이 시작되었을 무렵, 이 루카스 원고가 얼마나 사용되었는지가 논란의 대상이 되었다. 루카스의 원고를 채용하지 않았다는 점에 일부 팬들이 실망감을 표시한 것이다. 이 이야기를 그대로 받아들이는 것은 현 시점에서 아직 성급하다. 제작진은 전혀 채용하지 않았다고는 말하지 않았다. 어느 정도는 채용했지만 전부는 아닌 경우에도 채용하지 않았다고 말할 수 있으며, 골격 부분은 채용했지만 많은 디테일을 변경한 경우에도 채용하지 않았다고 표현할 수 있다. 앞에서 언급한 '6부작인가, 9부작인가, 12부작인가'라는 문제에 관해서도 루카스는 언제나 단언한 적은 없다고 말하며 주위를 혼동 시켰다.

루카스 없이 성공할 수 있을까

루카스는 여러 번 새로운 3부작 제작에 손을 대지 않겠다고 표명했다. 새로운 제작진을 형성하기 위한 것이기도 했고 섣불리 관여했다는 것이 알려지기만 해도 팬들의 기대에 불을 지필까 염려되었던 것이다. 스타워즈가 보편적인 가치를 갖기 위해서는 새로운 3부작과 루카스가 연관되지 않아야 한다는 생각이 지배적이었다. 그것이 올바른 길이라고 생각한다. 루카스는 지금도 조언자의 역할을 할 수 있는 입장이다. 창업자 월트 디즈니를 잃고 난 후 곤경에 처했던 디즈니는 루카스의 조언이 영원할 수 없다는 것을 뼈저리게 이해하고 있었다. 루카스 없이도 스타워즈를 성공적으로 제작할 수 있다는 가능성을 보여주어야만 한다. 그런 의미에서 루카스 필름과 디즈니의 전략은 성공했다고 할 수 있다.

2015년 4월 캘리포니아 애너하임에서 열린 스타워즈 셀레브레이션7에서도 루카스의 모습은 보이지 않았다. 대신 <깨어난 포스> 예고편 제2탄이 공개되었고, 신구 캐릭터들이 무대 위에 올라 팬들의 기대를 자극하는 등 성공리에 막을 내렸다. 이때 무대에 등장한 공 모양의 신형 드로이드 'BB-8'은 소문처럼 CG가 아니라 실제로 움직이는 소도구였다. 벌써 팬들의 마음을 빼앗으며 인기가 상승하고 있는 BB-8은 디즈니 오리지널 스타워즈의 상징적 존재로, 앞으로의 스타워즈의 밝은 미래를 예상하게 한다.

언제까지 신작이 만들어질까

만약 루카스의 개요를 바탕으로 에피소드12까지 영화화된다면, 이후 에피소드13를 포함하여 계속해서 스타워즈가 제작될 가능성은 있는 것일까. 그것은 흥행 결과에 달려있을 것이다. 영화가 흥행에 성공하고 관련 상품도 순조롭게 판매된다면 스타워즈는 영원히 계속되어 나갈 수 있지 않을까. 디즈니는 스타워즈가 이익을 낼 가능성이 있다고 판단하고 루카스 필름을 매수했으니 말이다.

에피소드9가 완성된 다음 해에는 세 번째 스핀오프 작품*이 예정되어 있는데, 아마도 7, 8년 정도 여유를 두고 다음 3부작과 스핀오프가 만들어지지 않을까. 디즈니는 7, 8년을 주기로

* 스핀오프는 이전에 발표되었던 작품의 등장인물이나 상황에 기초하여 새로 다른 이야기를 만들어 내는 것을 말한다. 2017년 말 현재, 스타워즈 스핀오프 작품은 현재 세 편으로 알려져 있지만 앞으로 더 확대될 수도 있다. 첫 번째 스핀오프 작품인 <로그 원: 스타워즈 스토리>는 2016년 개봉하여 <새로운 희망> 직전, 제국의 새로운 무기인 데스스타의 설계도를 훔치려는 반란군 스파이들의 이야기를 다루고 있다. 두 번째 스핀오프 작품은 한 솔로의 젊은 시절 모험담을 다룰 <솔로: 스타워즈 스토리>로, 촬영을 마친 론 하워드 감독이 트위터를 통해 확정된 제목을 밝혔다. 2018년 5월로 개봉이 예정되어 있다. 세 번째 스핀오프 작품에 대해서는 아직 구체적인 내용이 발표되지 않았다.

어린이 세대가 교체된다고 예측하고, 그 사이클에 맞춰서 신상품이나 옛 작품의 재발매를 반복해 왔다. 예를 들어 6세 때 에피소드7을 본 어린이는 에피소드9를 볼 때 10세가 되며, 8년 후에는 18세가 될 것이라는 계산이다. 그렇게 되면 스타워즈를 체험한 적이 없는 아이들이 새로 세상에 태어나게 되고, 그 새로운 세대를 대상으로 새로운 3부작을 개봉하는 것이다. 스타워즈는 세대마다 3부작을 기본 단위로 한다. 나는 '루크의 세대'를 실시간으로 경험했으며, 2015년부터 시작된 새로운 3부작을 통해 스타워즈를 실시간으로 체험한 세대는 '레이의 세대'가 된다. 앞으로 사람들이 스타워즈를 말할 때는 "어떤 세대의 에피소드가 좋아?"라든가 "어느 세대의 에피소드가 극장에서 본 첫 스타워즈였어?"라고 이야기하게 될 것 같다.

사상 첫 극장판 스핀오프

디즈니의 신작 제작발표에서 팬들을 놀라게 한 것은 앞서 언급한 스핀오프 작품의 제작에 관한 것이었다. 2015년부터 개봉되는 시퀄 3부작은 2년마다 신작이 개봉되며 그 사이의 해에는 스핀오프가 개봉된다고 한다. 즉, 사가 본편과 스핀오프를 구별하지 않는다면 앞으로 6년 동안 매년 스타워즈가 개봉하는 셈이다. 스타워즈 스핀오프 영화라면 일본에서는 1985년과 87년에 개봉된 <이웍 어드벤처> 두 작품이 있는데, 원래는 TV 영화로 제작된 것이었다. 유럽과 일본에서 상연되었기 때문에 스핀오프 영화로 오해하기 쉽다. 그렇게 보면 극장 개봉되는 스핀오프 영화는 이번이 최초다. 당초 <스타워즈 앤솔로지>로 명명되었던 이 스핀오프 시리즈는 <스타워즈 스토리>로 이름을 바꾸었고, 현재 세 편을 제작할 것이라고 발표했다.

2016년 개봉 예정인 <로그 원>은 사가의 에피소드3과 에피소드4 사이의 이야기로, 에피소드4에 보다 가까운 이야기가 될 예정이다. 제국이 건설 중인 데스스타의 설계도를 빼앗은 반란군과 그것을 되찾으려는 제국군의 공방을 그린 작품이라고 한다. 소문에는 제국군이 현상금 헌터를 고용해 설계도를 되찾으려 한다는 이야기도 있는데, 거기에는 보바 펫, 보스크, 덴가, 4ROM, IG-88, 그리고 케드베인 등의 현상금 헌터가 등장한다고 한다. 그 중에서도 <클론워즈>에 등장한 캐드베인은 극악무도한 현상금 헌터로 인기를 누렸는데, 소문이 사실이라면 <로그 원>을 통해 실사판으로 데뷔하게 되는 것이다. 이미 발표에 의하면 주인공에 펠리시티 존스, 포레스트 휘태커와 매즈 미켈슨 등 연기력 있는 배우 외에도 홍콩 배우 견자단이 아시아계로서는 첫 주요 캐스트로 참여하게 된다. 쿵푸 스타로서도 알려진 그가 어떤 액션을 보여줄까도 기대된다.

2018년 개봉 예정인 두 번째 앤솔로지는 타이틀은 아직 미정이지만, 젊은 날의 한 솔로가 어떻게 밀수업에 손대게 되었는지를 그린 이야기다. 두 번째 앤솔로지는 오랫동안 보바 펫 이야기로 구성될지도 모른다는 소문이 있었는데, 아무래도 젊은 날의 한 솔로와 보바 펫이 어떤 형태로든 얽히게 될 듯하다. 최근에는 <스타워즈 한솔로지>로 불리고 있는 듯하다. 한 솔로는 20대 전반의 젊은이로 등장한다고 한다.

2020년 개봉될 예정인 세 번째 앤솔로지에 관해서는 아직 정식으로 발표된 것이 없지만, 아무래도 보바 펫 이야기가 될 듯하다. 캐슬린 케네디의 언급이 있었지만 정식으로 발표된 것이 아니기 때문에 변경될 가능성도 있다. 다른 가능성으로서는 오비완 케노비의 이야기를 생각할 수 있다. 에피소드1~3에서 젊은 날의 오비완을 연기한 이완 맥그리거가 "또 기회가 있다면 꼭 오비완을 연기하고 싶다."고 러브콜을 보냈는데, 그것을 루카스 필름도 본격적으로 검토하고 있다는 것이다. 오비완 스토리가 호평을 받을 경우, 독자적인 시리즈가 될 가능성도 있다.

스핀오프가 이야기를 확장하다

이들 스핀오프의 매력은 자유로운 확장성이다. 스타워즈의 근간인 '사가'가 있고, 특정 캐릭터와 사건에 포커스를 맞춘 '스핀오프'가 존재하는데, 사가와 모순되지 않는다면 어떤 스토리든 가능하다. 때문에 오비완과 아나킨의 알려지지 않은 모험과 우정의 이야기도 제작이 가능하다. 이 경우 아나킨 역에 헤이든 크리스텐슨을 기용할 수도 있고 서브 캐릭터로서 메이스 윈두를 등장시킬 수도 있다. 스타워즈의 팬으로서 러브콜을 보낸 끝에 출연했던 사무엘 잭슨도 기회가 있다면 또다시 윈두를 연기하고 싶다고 공언하고 있으니 캐스팅에 어려움은 없을 것이다. 그 외에도 베이더와 요다, 란도, 드로이드 등 소재가 될 만한 캐릭터는 무궁무진하다. 예를 들어 3부작이 완결되고 그 다음 3부작이 시작할 때까지 스핀오프라는 형태로 얼마든지 간격을 메울 수가 있다. 지금껏 루카스 필름이 이런 전개를 하지 않았던 것은 단순히 루카스가 모든 것에 손을 대기 어려웠기 때문이었고 사가와 동시 진행할 만큼 재정과 인력의 여유가 없었기 때문이다.

지금까지 스타워즈의 세계관을 가진 작품은 모두 루카스가 감수해왔다. 특히 <클론워즈> 같은 TV 시리즈는 루카스가 적

극적으로 참가했는데 그것도 에피소드3가 끝나고 나서였다. 이번처럼 모든 것이 동시에 진행되는 것은 루카스 체제에서는 불가능했던 일이다. 스핀오프는 막대한 자금과 인재를 자랑하는 디즈니 체제이기 때문에 가능한 것이다.

〈인디아나 존스〉의 행방

스타워즈와 직접적인 관계는 없지만 루카스 필름의 또 다른 황금을 낳는 거위에 대해서도 언급하고 싶다. 디즈니가 손에 넣은 것은 스타워즈뿐 아니라 <인디아나 존스> 시리즈에 대한 권리도 포함되어 있다. 그리고 그 중에는 신작 제작에 대한 권리도 포함되어 있다.

2008년 개봉된 <인디아나 존스: 크리스탈 해골의 왕국>은 19년 만에 제작된 시리즈 네 번째 작품인데, 뒤를 이어 다섯 번째 작품도 진행되고 있다. 관객의 반응에 따라 <크리스탈 해골의 왕국>에서 등장한 인디아나 존스의 아들 머트 윌리엄스가 2대 인디아나 존스로서 계보를 이을 가능성을 생각했던 것 같다. 다섯 번째 작품에 그를 등장시켜 그런 가능성을 모색해보려고 한 것이다. 흘러나온 정보에 따르면 버뮤다 삼각지대의 불가사의를 무대로 펼쳐지는 모험을 다루려는 모양이다. 그 후 스타워즈에 대한 논란이 차분해졌을 무렵 인디아나 존스에 대한 뉴스가 보도되었다. 지금까지 시리즈 배급을 맡아온 파라마운트와 디즈니 간의 합의가 이루어졌다는 뉴스였다. 2013년 12월 『버라이어티』에 의하면 파라마운트는 과거 네 작품의 배급권을 유지하고 다섯 번째 작품 제작에도 참가하게 되었다. 디즈니는 네 작품과 장래의 신작에 대한 권리를 소유하며 배급하게 되었다.

늙어가는 해리슨 포드를 대신할 사람은

인디아나 존스도 신작 제작에 박차가 가해지게 되었는데, 스타워즈처럼 원활하게 진행되지 않는 데는 사정이 있다. 해리슨 포드가 현재 70대이기 때문이다. <제다이의 귀환> 30년 후로 설정된 <깨어난 포스>에서는 나이 든 한 솔로가 이야기에 깊이를 더하게 된다. 주요 액션 신은 차세대 캐릭터들이 맡으면 될 것이다. 그러나 인디아나 존스의 경우는 다르다. 인디아나 자신의 모험이 테마이기 때문에 어디까지나 이야기는 인디아나의 활약이어야만 한다. 65세 때 제작한 <크리스탈 해골의 왕국>의 액션 신에서 해리슨 포드는 숨을 헐떡였을 정도였고, 만약 신작을 제작하더라도 스타워즈 시퀄 3부작이 끝나고 나서의 일이다. 그렇게 되면 해리슨은 벌써 80대를 바라보게 된다. 물론 <클론의 습격>의 크리스토퍼 리처럼 격한 액션 신은 스턴트맨에게 맡기고 얼굴 부분을 CG로 바꿔 넣는 방법도 있다. 액션 신이 대부분을 해리슨 포드 스스로 연기해 왔던 지금까지의 경위를 생각하면 CG를 통한 액션이 얼마나 매력적일까.

그래서 생각해낸 것이 기존의 골격이나 등장인물만 차용하여 시리즈를 리부트하는 방법이다. 젊은 배우를 기용하여 젊은 날 인디아나의 활약을 그린다면 같은 배우로 지속적으로 신작을 발표할 수 있고, 연령에 구애받지 않고 기상천외한 액션을 담을 수도 있다는 것이다. 이 경우 해리슨 포드를 내레이터로 등장시킬 수 있을 것이다. 과거의 모험을 회상하는 것으로, 이것은 TV시리즈인 <영 인디아나 존스>의 에피소드 「블루스 미스터리」에서도 사용되었다. 젊은 인디아나 존스에게 중요한 모험을 맡기고, 해리슨이 연기하는 나이 든 인디아나는 가벼운 모험을 맡아 오랜 팬들과 새로운 팬들을 아우르는 방법을 취할 가능성도 있다. 어쨌건 젊은 인디아나를 누가 연기할지가 문제이다. 현재로는 <가디언즈 오브 갤럭시>에서 주인공을 맡은 크리스 프랫이 가장 유력하며, 감독인 스필버그도 그가 주연을 맡는다면 리부트할만하다고 찬성했다. 과연 어떻게 될지 미래가 기대된다.

제5장

루카스 픽처스에서 디즈니로(2)

ABOUT STAR WARS

STAR

제5장 루카스 픽처스에서 디즈니로(2)

WARS

애니메이션 시리즈에 대한 반향

최근 디즈니의 영향이 여실히 드러난 것은 애니메이션 시리즈인 <클론워즈>였다. 디즈니가 이 인기 시리즈를 중단시킨 것이다. <클론워즈>가 카툰네트워크에서 방영하고 있었기 때문이다. <클론워즈>를 대신해 새로운 애니메이션 <스타워즈 반란군>이 방영되기 시작한다. 그러나 <스타워즈 반란군>은 단순히 <클론워즈>를 대체하는 성격을 뛰어넘어 디즈니의 의도를 잘 보여주고 있으며 디즈니 체제 하의 스타워즈를 예상할 수 있게 하는 요소도 가득하다.

<스타워즈 반란군>이 <클론워즈>와 결정적으로 다른 점이 두 가지 있다. 캐릭터의 리듬과 음악이다. <클론워즈>는 사가의 에피소드2와 에피소드3 사이에 일어난 클론 전쟁을 소재로 한다. 때문에 아나킨, 오비완, 아소카를 비롯한 제다이 기사단이 주인공이다. 기사단에 대항하여 다스 시디어스를 중심으로 두크 백작, 아사지 벤트리스, 부활한 다스 몰이 악역을 맡고 있으며, 붉은 광선검이 이들의 상징이다. 전쟁 중이라는 설정이기 때문에 작품 속 사건들은 각종 음모와 정치적 교섭 등을 발단으로 한다. 제다이를 중심으로 전개되기 때문에 작품은 전반적으로 진지하다. 아소카와 아나킨이 옥신각신하며 웃음을 자아내거나, R2-D2의 활약으로 분위기가 다소 부드러워지기는 하지만 전체적인 분위기는 역시 진지했다. 한편 <스타워즈 반란군>은 에피소드3과 에피소드4 사이, 즉 클론 전쟁이 종결되고 은하제국이 성립된 후, 제국의 압정이 시작될 무렵의 이야기다. 때문에 제다이 사냥에서 살아남은 케이난과 포스에 눈을 뜬 소년 에즈라 등 반란군의 씨앗들이 주인공이다. 그들이 어떻게 반란군 멤버로서 성장해 나가는가, 반란군이 어떻게 큰 세력이 되었는가가 이야기의 주축을 이룬다. 따라서 <클론워즈>만큼 딱딱한 분위기는 아니다. <클론워즈>가 중단된 것이 루카스 필름이 디즈니 산하에 들어가고 난 후의 결정인지 아닌지 확실하

지 않지만, 캐릭터 구축도 다소 부드러워졌다. 어쩐지 디즈니스러움이 묻어난다고 하면 지나친 생각일까. 아니, 역시 그렇다고 생각한다.

음악과 디즈니스러움

<스타워즈 반란군>은 어떻게 음악을 활용하고 있을까. <클론워즈>에서는 영화에서 사용된 곡들이 별로 나오지 않지만, <스타워즈 반란군>에서는 영화로 익숙한 명곡들이 빈번히 사용되고 있다. 잘 알려져 있듯 스타워즈는 음악을 사용할 때 라이트모티프라는 기법을 취하고 있다. 캐릭터와 단체마다 테마곡이 있고, 그 곡과 함께 해당 캐릭터가 등장하는 방식으로 캐릭터와 음악이 밀접하게 연결되어 있는 것이다. 하지만 <스타워즈 반란군>에서는 이런 특징이 거의 무시되었다. 예를 들어 제1화의 클라이맥스에서 제국군에게 붙잡힌 우키 부자가 감동적으로 재회하는 장면에서 「레아 공주의 테마」가 흘러나온다. 음악의 테마를 무시하고 분위기에 맞춰 기존의 음악을 활용한 것이다.

처음에는 '아니, 여기서 이 곡을?'하고 놀랐지만, 그럼에도 오랜 기간 들어왔던 곡들이라 무의식중에 반가웠다. '루카스 시

대'였다면 이렇게 엉망진창으로 음악을 사용한다는 것은 생각하지도 못했을 것이다. '디즈니 시대'가 도래한 것이다.

팬들이 환영한 성우들

오래된 팬들이 기뻐할만한 점이 또 있다. 그것은 성우 배역에 변화를 준 것이다. <클론워즈>에서는 요다와 오비완, 아나킨 등 영화에 등장한 캐릭터들이 모두 등장하지만, 정작 목소리를 연기한 것은 프로 성우들이었다. C-3PO만은 예외적으로 영화에서 C-3PO의 목소리르 맡은 안소니 다니엘스가 연기했는데, 그가 3PO 역은 절대 양보할 수 없다고 말해왔기 때문이다. 다니엘스는 아무리 작은 프로젝트라도 빠짐없이 공식적인 3PO 목소리를 연기해왔다.

그렇다면 <스타워즈 반란군>의 경우는 어떨까. 시즌1에서는 다스 베이더, 요다, 란도 칼리시안 등 오리지널 3부작에서 잘 알려진 캐릭터들이 등장하는데, 놀랍게도 영화 오리지널 캐스트가 애니메이션 캐릭터의 목소리를 맡고 있다. 베이더는 제임스 얼 존스, 요다는 프랭크 오즈, 란도는 빌리 디 윌리엄스가 담당했다. 당연히 오랜 팬들은 환호했다. 여기에서도 팬 서비스를 위해서라면 돈을 아끼지 않는 디즈니의 저력과 의지가 엿보였다.

루카스 시대에는 이상한 점만 없다면 영화 캐스트와 목소리가 닮은 성우를 쓰는 것도 나쁘지 않다고 생각했던 듯하다. 물론 <클론워즈>에서 콰이곤 진의 유령을 리암 니슨이 연기하기도 했지만 어디까지나 특수한 사례였을 뿐이다. <스타워즈 반란군>의 경우 한 시즌에 많은 오리지널 캐스트를 투입하고 있는데, 팬들에 대한 디즈니 측의 배려가 느껴진다. 팬들에게 아첨하는 것처럼 보일 수도 있지만, 어쨌건 <클론워즈>보다 <스타워즈 반란군>의 캐스트가 호화롭다.

스타워즈 사가와 애니메이션 시리즈

어떤 면에서든 애니메이션 <스타워즈 반란군>은 중요한 역할을 맡고 있는 셈이다. 디즈니 체제 아래 공개된 첫 스타워즈의 작품으로서, <에피소드7: 깨어난 포스>가 개봉되기 전에 예비지식을 제공하고 있기 때문이다. 예를 들어, 지금까지의 스타워즈에서 팬들은 제국군의 스톰 트루퍼가 클론으로 편성되어 있다고 인식하고 있다. <클론의 습격>에서 처음 클론 트루퍼가 등장하였고 그 후 스톰 트루퍼로 변해갔다는 점으로 미루어보아도 쉽게 연상할 수 있다. 한편 <클론의 습격>에서 DNA 공급자였던 장고 펫이 사망한 것을 생각하면 클론 병사 보충에 한계가 있을 것이라는 의견도 있었다. <스타워즈 반란군>을 통해 '후보생 에즈라'라는 에피소드가 방영되었다. 이 에피소드에서 에즈라는 제국 아카데미에 잠입하여 여러 인종의 후보생들과 함께 스톰 트루퍼가 되기 위해 훈련받는다. 이로 인해 스톰 트루퍼 중에는 클론뿐 아니라, 일반 공모를 거쳐 채용된 보통 사람들도 존재한다는 것이 명확해졌다. 2015년 개봉된 <깨어난 포스>에서 흑인 청년 핀이 트루퍼 코스튬을 입고 있는 것이 전혀 이상하지 않게 된 것이다.

또한 <깨어난 포스>에는 <제국의 역습> 클라이맥스에서 루크가 분실한 광선검이 스토리에서 중요한 아이템으로 등장하는데, <스타워즈 반란군>에서는 광선검을 만드는 방법을 묘사해준다. <스타워즈 반란군>에서 에즈라는 제다이 템플에서 시련을 겪고 광선검의 핵이 되는 카이버 크리스탈을 받게 된다. 카이버 크리스탈에 광선검 주인의 특성이나 정보가 숨어있을 가능성을 보여주고 있는 것이다. 실제로 루카스가 쓴 <제국의 역습>의 각본 제1고에는 데고바로 가라는 오비완의 말을 듣고, 루크가 광선검을 분해하여 그 속에 있던 크리스털을 분석해서 데고바의 좌표를 발견한다는 묘사가 있다. 개인적으로는 이 아이디어를 '제다이와 크리스털의 관계'로 재설정하여 <깨어난 포스>에서 활용한 것이 아닐까 추측해본다. 어디까지나 개인적인 해석이지만, <스타워즈 반란군>에서 크리스털을 묘사하는 부분은 <깨어난 포스>에 대한 이해를 돕기 위한 것이 아닐까한다. 어쨌건 <스타워즈 반란군>을 포함해 앞으로 전개될 모든 스핀오프 작품(애니메이션, 게임, 서적 등을 포함)의 설정은 모두 '정사'로서 취급될 것이다. 그러한 의미에서도 <스타워즈 반란군>은 눈을 뗄 수 없는 존재이다.

실사 TV 시리즈

2005년 <시스의 복수> 개봉 후 루카스 필름은 두 개의 스타워즈와 관련 프로젝트를 준비하고 있었다. 하나는 앞서 서술한 애니메이션 시리즈인 <클론워즈>이다. 에피소드2와 에피소드3사이의 시대를 그리고 있으며, 2008년에 방영되기 시작했다. 또 하나는 실사판 TV 시리즈로, 에피소드3과 에피소드4 사이를 다루며 타이틀이 <스타워즈 앤 더 월드>라고 발표되었다. 하지만 약 100시간 분량의 각본이 완성되어 있었음에도 제작이 시작되지 않았다. 가장 큰 이유는 예산이었다. 당시 이 프로젝트를 진행했던 릭 맥컬럼은 제작비가 막대해서 아직은 시작할 수 없다고 말했다. 루카스 필름이 제작비가 전혀 없었던 것은 아니다. 제작 후 방송국에 방영권을 매각할 경우 막대한 금액에 이를 것이며, 때문에 사려는 방송국이 나타나지 않을지도 모른다고 예측했던 것이다. 막대한 제작비가 들면 방영권료도 엄청난 액수가 된다. 아무 곳에도 팔리지 않는다면 소용이 없다. 그렇게 덧없이 사라져가던 TV 시리즈도 디즈니 체제로 이행함에 따라 상황이 일변했다. 디즈니 산하의 마블이 TV 시리즈 방영에 성공한 것이다.

마블은 어떻게 큰 성공을 거두었는가

2009년 디즈니가 마블 엔터테인먼트를 매수했을 때, 마블 엔터테인먼트 내의 마블 스튜디오는 '마블 시네마틱 유니버스(MCU)'라는 프로젝트를 진행하고 있었다. 그때까지는 영화화에 대한 권리를 메이저 스튜디오에게 팔아 공동으로 영화를 제작하고 있었으나, 프로젝트를 통해 모든 것을 마블 자사가 제작하고 배급만을 파라마운트에 위탁하는 체제로 변화시키려 했던 것이다. 신기하게도 이 체제는 자사에서 제작을 맡고 배급만을 20세기 폭스에 위탁해 온 스타워즈와 같았다.

MCU를 통해 <아이언맨>을 시작으로 <인크레더블 헐크>, <아이언맨2>, <토르: 천둥의 신>, <퍼스트 어벤져> 그리고 <어벤저스> 등이 크게 성공을 거두었다. <아이언맨3>가 개봉된 후에는 디즈니 산하의 ABC에서 스핀오프 TV시리즈인 <에이전트 오브 쉴드>(이하 쉴드)를 방영한다. MCU와 같은 세계관을 가진 <쉴드>는 영화 시리즈와도 밀접한 연관성을 가지고 있다. <아이언맨3> 직후부터 시작되는 <쉴드>의 스토리는 도중에 <토르: 다크 월드>와도 연결되며, 시즌1의 클라이맥스의 방영시기와 개봉이 겹친 <캡틴 아메리카: 윈터 솔져>와도 연결된다. 결과적으로 영화와 TV시리즈가 상승효과를 일으키며 성공을 거둔다. 그 후도 <쉴드> 시즌2가 2015년 개봉된 <어벤져스: 에이지 오브 울트론>으로 이어지는 등, TV와 영화의 새로운 협력 체제를 구현했던 것이다. 2015년에는 네트워크 기반 서비스인 '넷플릭스'에서도 마블 스튜디오 작품인 <데어데블>이 발신되기 시작했으며, 이 또한 높은 평가를 받으며 큰 수익을 올렸다. <데어데블> 역시 MCU의 세계관을 공유하고 있는 작품이며, 앞으로 <아이언 피스트>, <제시카 존스>, <루크 케이지> 등 지역 밀착형 슈퍼 히어로 시리즈를 제작하여 그 후 그들이 결성한 '디펜더스'라는 미니시리즈의 영화화도 결정되었다. 즉, 마블에서는 영화·TV·네트워크 발신이라는 세 가지 매체를 통해 끊임없이 콘텐츠를 공급하며 높은 완성도로써 대중의 지지를 얻었던 것이다.

대자본 아래 있기 때문에 가능한 것들

스타워즈로 돌아가 보자. 이미 <깨어난 포스>의 예비작 형태인 <스타워즈 반란군>을 방영하여 성공을 거둔 디즈니가 이러한 마블의 필승 패턴을 놓칠 리가 없다. ABC에서는 일찍이 실사판 TV 시리즈 <스타워즈 앤 더 월드>의 제작에 큰 관심을 표명했다. 타사 제작 작품을 구매하는 형태가 아니라 그룹 내의 콘텐츠를 방송하는 이른바 '자사 제작'의 형태인데, 이를 통해 맥컬럼이 걱정했던 예산 문제가 해소되었다. <스타워즈 앤 더 월드>는 다시 시동을 걸 수 있었고 순조롭게 진행되어가고 있다. <스타워즈 앤 더 월드>는 에피소드3과 에피소드4 사이의 이야기라는 점에서 <스타워즈 반란군>과 공통점이 있다. <스타워즈 반란군>이 방영되었을 당시, <스타워즈 앤 더 월드>의 일부를 사용했다는 이야기도 있었지만, 서로 다른 프로젝트였고 ABC 방영을 서두르고 있다. 나아가 마블처럼 넷플릭스로도 세 개의 실사판 시리즈 발신을 계획하고 있다는 소문이 흘러나왔는데, 마블의 성공을 생각한다면 예상 가능한 흐름이다.

어쨌건 신작 개봉까지 마냥 기다릴 수밖에 없었던 과거를 생각하면, 팬들에게는 꿈같은 상황이다. 이것이야말로 디즈니라는 대자본 산하에 있는 메리트이다. 게다가 이렇게 탄생한 콘텐츠들은 이후 어트랙션으로 재이용될 수 있을 것이다.

테마파크로의 전개

디즈니랜드는 디즈니에서 만든 테마파크이다. 디즈니랜드에는 '스타 투어즈'라는 어트랙션이 있다. 1987년 등장한 이 어트랙션은 루카스 필름과 디즈니가 처음으로 진행한 대규모 공동 작업이었다. 2011년에는 '스타 투어즈'의 영상을 모두 3D로 업데이트하며 새로운 어트랙션 '스타 투어즈 더 어드벤처 컨티뉴'가 오픈했다. 또한 플로리다 디즈니월드와 애너하임 디즈니랜드에는 어린이들을 대상으로 어트랙션 '제다이 트레이닝 아카데미'도 병설되어 있다. 이 어트랙션은 제다이 마스터로부터 광선검 훈련을 받는 어린이들이 다스 베이더와 직접 대결하여 졸업증서를 받는 체험형 어트랙션으로, 상당한 인기를 누리고 있다. (여담이지만 대결의 대상인 베이더에게 무릎을 꿇고 충성을 맹세하며 절대 싸우려고 하지 않았던 여자아이가 있었는데, 주위의 웃음을 불러일으키는 해프닝이었다.)

플로리다 디즈니월드에서는 매년 5월 '스타워즈 위켄드'라는 정기 이벤트도 열린다. 이 기간 동안 제다이 복장을 한 미키와 미니가 손님들을 맞이하며, 기프트 숍에서는 스타워즈와 디즈니의 협업 상품이 한정 판매되어 인기를 끌고 있다. 루카스 필름이 디즈니 산하로 들어감으로써 스타워즈와 관련된 어트랙션이 점점 늘어날 전망이다. 현재 루카스 필름에서는 테마파크 부문을 신설하였고 대대적으로 기획·개발을 진행하고 있다. 디즈니의 CEO인 밥 아이거도 "전 세계 디즈니랜드에 스타워즈 어트랙션을 만들겠다!"며 기세가 당당하다.

스타워즈가 인생의 일부가 된다

'스타워즈 랜드'는 우선 플로리다 디즈니월드와 애너하임 디즈니랜드에 개설될 것이라고 정식으로 발표되었다. 각각 약 1만 7천 평이나 되는 광활한 부지에 만들어질 스타워즈 랜드는 테마파크 전용으로 디자인된 새로운 혹성을 무대로 하며, 밀레니엄 팔콘에 탈 수 있는 어트랙션과 전용 레스토랑, 한정 굿즈 판매 등 많은 시설이 포함되어 있다. 업데이트된 지 얼마 되지 않은 '스타 투어즈'도 새롭게 업데이트되어 <깨어난 포스>에 등장하는 혹성과 캐릭터를 포함시킨 버전으로 변경된다고 한다. 아이들에게 인기 있는 '제다이 트레이닝 아카데미'도 스토리와 캐릭터를 바꾸어 새롭게 시작할 것이라고 한다. 더불어 디즈니랜드 내 투모로우 랜드의 대표 어트랙션 '스페이스 마운틴'도 스타워즈에 맞춰 모양을 바꾸고 이름도 '하이퍼 스페이스 마운틴'으로 바꾼다. 지금까지는 별이 반짝이는 암흑 속을 질주하는 코스터였는데, 이번에는 최신 디지털 프로젝션 기술을 통해 그야말로 스타워즈의 세계를 달려 나가는 어트랙션으로 재탄생한다고 한다.

매년 5월 플로리다에서 열리는 '스타워즈 위켄드'도 '스타워즈 시즌 오브 더 포스'로 이름을 바꿀 예정이다. 새롭게 연출한 '스타워즈 시즌 오브 더 포스' 기간 동안 한정 푸드와 굿즈를 준비하여 축제의 장을 열 계획이라고 한다. 이미 플로리다 디즈니 리조트 내 할리우드 스튜디오에는 약 35억 달러를 들여 큰 폭으로 보수 작업이 진행되고 있다. 이번 보수를 통해 스타워즈뿐 아니라 인디아나 존스와 픽사의 어트랙션도 포함될 예정이다. 2016년 봄 오픈될 상하이 디즈니랜드에도 마블을 테마로 한 어트랙션이 많이 오픈할 예정이고, 스타워즈를 테마로 한 '스타워즈 론치 베이(star wars launch bey)'도 개설될 예정이다. 또한 2015년 7월에는 홍콩 디즈니랜드에 아시아 최초로 '팬 퍼레이드'가 진행되어 아시아 각국에서 모여든 스타워즈 코스프레 단체 '501st'와 '레벨리전'의 활동가들이 관객들에게 즐거움을 선사했다.

이렇게 테마파크를 완비함으로써 스타워즈는 미키 마우스와 마찬가지로 어린 시절부터 아이들의 인생의 일부로 존재하게 되었다. 그 아이들이 성장하여 자녀들에게 스타워즈를 전해나가는 연쇄 작용을 낳을 수 있게 되었다. 앞으로는 영화와 TV를 통해 전개되는 작품 활동과 더불어 테마파크를 체험할 수 있는 패턴이 정착됨으로써 스타워즈가 일반 대중에게 침투해 나가게 될 것이다.

여성시대의 스타워즈

훌륭한 예술작품은 그 시대를 반영한다. 그것은 스타워즈도 예외가 아니다. 1977년 첫 작품 개봉 당시 레아 공주의 존재는 관객에게 신선하게 다가왔다. 레아 공주는 불량배 한 솔로와 입씨름을 하며, 자신을 구하러 온 루크의 블래스터를 낚아채서는 스스로 길을 열어나갔다. 다스 베이더와 타킨 제독의 위협에도 굴하지 않고 신념을 관철하며 자유를 위해 싸우는 레아의 모습은 강한 여성 그 자체였고 관객에게 통쾌하다는 평을 얻었다. <스타워즈>의 토대가 되었던 그 옛날 황금시대의 모험활극에서 히로인들은 성격은 강했지만 무력한 존재로 그려졌는데, 이를 통해 히로인을 보호하는 히어로의 존재 의미가 강조되기도 했다. 그러나 레아 공주는 70년대를 반영한 새로운 히로인이었다. <스타워즈> 2년 후에 개봉된 <에이리언>에서는 리플리라는 여성이 주인공인데, 원래 남성으로 설정되어 있었다. <에이리언>의 주인공을 여성으로 변경하라고 조언한 것은 <스타워즈> 제작을 진행한 20세기 폭스의 알란 래드 주니어였다.

루카스가 영화를 배우기 시작한 것은 1960년대 전반, 남 캘리포니아 대학에서였다. 그 무렵 미국에는 19세기부터 20세기에 걸쳐 활발해진 여성 참정권 운동에 이어 제2의 물결이 넘실거리기 시작했다. 우먼리브 운동이다. 1961년 케네디 대통령은 직속 기관으로 여성의 지위에 관한 위원회를 설립하였고, 1963년에는 남녀동일임금법이 가결된다. 1964년에는 '인종, 종교, 민족, 성에 의한 고용의 차별은 비합법'이라는 공민권법 제7편이 의회를 통과한다. 이러한 흐름을 타고 '여성해방운동(우먼리브)'이 시작되었고 1968년에는 제1회 전미여성해방회의가 개최되었다. 1972년에는 의회가 남녀평등고용기회법을 가결했고 1976년에는 드디어 육군사관학교가 여성의 입학을 인정하기에 이르게 되었다. 강한 히로인으로서의 레아 공주라는 캐릭터는 이러한 배경의 영향을 받은 것이다. 그 뿐 아니라 <스타워즈> 초안에서 주인공인 루크가 여성으로 설정되기도 했다. 결국 루크는 남성 캐릭터가 되었지만 그 결과 여성 등장인물이 사라졌기 때문에 레아 공주라는 캐릭터가 탄생했다고, 루카스는 설명했다.

영화계의 여성 권리

그 후 일반적으로 여성을 주인공으로 한 영화, 여성이 감독한 영화, 여성학대를 비난하는 테마를 다룬 영화가 만들어지게 된다. 그럼에도 여전히 현 상황에 대해 많은 논란이 있다. 영화계를 보더라도 2002년 여배우 로재나 아켓이 감독한 다큐멘터리 <데브라 윙거를 찾아서>는 최전선에서 활약하는 여배우들이 수많은 차별을 겪어 왔음을 증언하며 할리우드가 여전히 남성 우위의 사회임을 통렬히 비판하고 있다. 아카데미 감독상에 노미네이트된 경험이 있는 여성 감독은 1976년 <Seven Beauties>를 감독한 리나 베르트뮐러가 최초였다. 그 후 1993년 <피아노>로 제인 캠피언이, 2003년 <사랑도 통역이 되나요?>로 소피아 코폴라가 감독상 후보에 올랐고, 2010년 캐스린 비글로가 <허트 로커>로 겨우 여성으로서는 첫 수상자가 되었다. 90년 가까운 아카데미 역사 속에서 감독상 후보에 오른 여성이 단 4명밖에 없는 것이다. 이러한 상황 속에 2015년 5월, 미국 자유인권협회(ACLU)는 영화와 방송계에서 여성이 부당하게 차별을 받고 있다고 보고 연방정부에 조사를 요구하는 서한을 보냈다.

새로운 3부작에서는 여성이 활약한다

새로운 시대를 맞아 스타워즈는 어떻게 될 것인가. 일본에서의 첫 공식기자회견이었던 2015년 4월, 킥 오프 미팅에 등장한 것은 루카스 필름의 사장 캐슬린 캐네디와 주연배우 데이지 리들리, 두 여성이었다. 이 미팅에서 케네디는 “영화 제작에는 시대상황이 반영되기 마련입니다. 새로운 스타워즈도 그러한 생각에 입각해 제작되어 갈 것입니다.”라고 말했다. 과연 최신작 <깨어난 포스>의 주인공은 데이지 리들리가 연기하는 레이라는 여성 캐릭터이다. 루카스 필름이 디즈니 산하에 들어갔기 때문에 ‘디즈니 프린세스’의 계보를 따른 것이 아니라, 케네디의 말대로 시대를 반영하여 여성을 주인공으로 결정한 것이다. 과거 여섯 작품의 주인공이 루크와 아나킨이었던 점을 생각하면 이제 여성 주인공이 등장해도 좋을 시점이라고 생각했을지도 모른다. 어쨌건 스타워즈도 언젠가는 통과해야할 길을 이른 시기에 선택한 것이다.

레이 외에도 TV 드라마 <왕좌의 게임>으로 잘 알려진 그웬돌린 크리스티가 트루퍼 지휘관 캡틴 파스마를 연기했고, 아카데미 상 여우조연상을 수상한 루피타 뇽이 모션 캡처를 통해 제작된 캐릭터 마즈 카나타를 연기한다. 크리스티와 뇽 모두 에피소드9까지 계속될 시퀄 3부작에서 중요한 역할을 담당하게 된다. 단적으로 스타워즈의 여성시대를 실감할 수 있는 예는 <깨어난 포스>의 타이업 기획에 미국을 대표하는 화장품 메이커 '맥스 팩터'가 이름을 올리고 있다는 점이다. 이 회사의 자매브랜드 '커버걸'에서 스타워즈 로고가 들어간 립스틱과 광선검 형태의 마스카라 등 메이크업 제품을 판매하고 있으니, 시대의 변화를 실감할 수 있다. 그렇다고는 하나 스타워즈가 오락모험활극임에는 변함이 없다. 주인공이 여성이라고 해서 '여성의 권리'나 '여성 평등'을 다루지는 않는다. 어디까지나 그런 문제가 해결되고 난 후의 세계관을 그리고 있으므로 시리즈의 근본이 변하는 것이 아닌가라는 우려는 하지 않아도 된다.

시대를 반영한다는 점에서 본다면 현재 여성의 권리와 함께 미국사회의 이슈는 동성애이다. 소설판이기는 하지만 스타워즈에서 레즈비언 캐릭터가 등장할 것이라 발표되었다. 사회정세를 통해 영화의 방향성을 점칠 수 있는 만큼 앞으로는 이런 관점에서 스토리를 예측해보는 것도 하나의 재미일지도 모른다.

주목해야할 여성 캐릭터

<깨어난 포스>에서 여성 캐릭터가 주인공을 맡은 것을 디즈니의 새로운 프린세스 장사라고 생각하는 사람도 있을 것이다. 그것은 어디까지나 결과론적인 것일 뿐 시대의 흐름을 따른 것이라고 볼 수 있다. 여성 주인공의 전조이며, 그 바탕을 제공하는데 크게 공헌한 것이 <클론워즈>에 등장한 아소카 타노이기 때문이다.

2008년에 시작된 TV애니메이션 시리즈 <클론워즈>는 전신인 단편 애니메이션 <클론 전쟁>의 성공에 힘입어 기획된 것이었다. 이 시리즈를 본 팬들이 가장 놀란 것은 아소카의 등장이었다. 아소카는 아나킨의 파다완(제자)으로서 시리즈 첫 주역급 여성 제다이가 된 존재이다. 오비완의 제자였던 아나킨에게도 제자가 있다는 새로운 설정은 처음에는 팬들을 당황하게 했지만, 시리즈가 진행되면서 아소카의 인기는 급상승했다. 그 중에서도 여성 팬들이 열광적으로 환영했으며 친근하게 느껴지는 여성 전사 아소카의 존재는 스타워즈의 세계에서 커져만 갔다. 하지만 그녀가 제다이 기사단에 속해 있는 한, <시스의 복수>에서 등장한 '오더66(제다이 말살지령)'에 의해 그녀는 죽을 운명이었다. 팬들은 아소카의 죽음을 원하지 않았고, 그 바람은 의

외의 형태로 전개되었다. 2012년 10월에 루카스 필름이 디즈니에 매수되었을 때 <클론워즈> 시즌 5가 막 시작되었는데, 클라이맥스에서 아소카는 억울한 죄로 고발당한다. 결국 용의는 풀리지만 이 사건으로 제다이 기사단을 떠나도록 전개된다. 얼마 후 <클론워즈>의 제작 중지가 발표되었다.

아소카의 기구한 운명

<클론워즈>가 중지된 배경은 이 5장의 서두에서 설명했다. 그러나 그런 사정을 납득할 수 없었던 팬들은 야유를 보냈고, <클론워즈>의 스텝이 그대로 새로운 TV애니메이션 시리즈를 제작할 것이라 발표되고 나서야 잠잠해졌다. <클론워즈>는 이름대로 에피소드2와 에피소드3사이에 일어난 클론 전쟁을 테마로 하고 있는데, 이에 반해 새로운 시리즈는 에피소드3과 에피소드4 사이의 시기를 무대로 삼는다. 타이틀은 <스타워즈 반란군>으로 발표되었다. <스타워즈 반란군>은 2014년 가을부터 방영되어 금세 인기를 얻었는데, 놀랍게도 시즌1의 마지막 에피소드에서 어른이 된 아소카가 등장한 것이다. 제다이 기사단을 떠나 독자적으로 행동하고 있던 아소카는 <스타워즈 반란군>에서 반란군의 일원으로 시리즈의 주인공들과 함께 움직

인다. <클론워즈> 때는 녹색 광선검을 사용하고 있었는데, <스타워즈 반란군>에서는 무색(하얀) 광선검을 사용한다. 자세한 내막은 밝혀지지 않았지만 제다이 기사단을 떠났기 때문이라고 한다. 그런 아소카가 시즌2의 서두에서 포스를 통해 옛 스승인 다스 베이더와 접촉하게 되는 것이다. 아소카의 존재를 알게 된 베이더는 "아나킨 스카이워커의 제자가 살아있었습니다."하고 황제에게 담담하게 보고하는데, 한편 아소카는 충격을 받은 나머지 정신을 잃고 만다. 옛 스승과 제자가 앞으로 어떤 드라마를 만들어낼 것인가 주목해야할 부분이다.

애니메이션에서 영화로 발탁될 가능성은 있는가

되돌아보면 2005년 <시스의 복수>로 일단 완결되었던 스타워즈의 인기를 계속해서 이끈 최대의 공로자는 아소카였다. 특히 어린이들이 실시간으로 감상할 수 있는 스타워즈는 <클론워즈> 밖에 없었다. 그만큼 어린이들에게 아소카의 존재는 아나킨과 오비완, 요다와 어깨를 나란히 할 정도로 큰 것이었다. 그리고 <스타워즈 반란군>을 통해 아소카가 무사한 것을 본 팬들이 열광했던 것을 생각하면 그녀의 미래는 그렇게 어둡지 않겠구나 싶다. 에피소드3과 에피소드4 사이에 있었던 제다이 사냥으로 "제다이는 전멸했다."(<새로운 희망>에서 타킨 제독의 대사)고 여겨졌으나, 아소카는 제다이 기사단을 이탈했기 때문에 <스타워즈 반란군>의 세계관에서는 전 제다이에 해당한다. 따라서 그녀는 제다이가 아니었기 때문에 제다이 사냥에서 살아남을 수 있었던 것이다. 그 때문에 그녀의 운명을 둘러싸고 아슬아슬한 이야기가 전개될 수도 있다. 동시에 어떻게든 살아남아 새로운 전개에 활력을 줄 수도 있다. 즉, 현시점에서 영화판 스타워즈에 실사판 아소카가 등장할 가능성은 상당히 높다. 영화가 (일단) 완결된 상황에서 새로운 팬을 획득한 아소카를 그대로 애니메이션의 세계에 남겨두기에는 너무나도 아깝다. 그녀가 디즈니 시대의 스타워즈에 등장하기 위해서는 <클론워즈>가 중지되고 <스타워즈 반란군>이 시작되어야했던 것이다.

또한 새롭게 발매된 오리지널 3부작 DVD에서 <제다이의 귀환> 마지막에는 아나킨이 등장한다. 원래는 서배스천 쇼가 연기했던 장면인데, DVD에서는 프리퀄 3부작에서 아나킨을 연기한 헤이든 크리스텐슨으로 바뀌었다. 이는 앞으로 아나킨이 유령으로 등장할 때 헤이든이 연기할 가능성이 있다는 것을 시사한다. 아소카를 따라다니는 유령이 된 아나킨이 루크에게 말을 거는 장면도 상상하게 되는데, 과연 어떻게 될 것인지. 아무렴, 실은 어딘가의 공주였다고 하며 아소카마저 프린세스로 만들어버리지는 않겠지.

사랑스러운 캐릭터

이미 언급했지만 <깨어난 포스> 개봉을 8개월 앞둔 2015년 4월 16일, 캘리포니아 애너하임에서 개최된 스타워즈 셀레브레이션7에서 <깨어난 포스>의 예고편 제2탄이 발표되어 전 세계가 흥분에 휩싸였다. 그에 더해 회장에 있었던 팬들을 놀라게 한 것이 있다. 실제로 눈앞에서 움직이는 BB-8이 등장한 것이다. 2014년 12월에 발표된 <깨어난 포스> 예고편 제1탄을 통해 처음으로 존재가 드러난 신형 드로이드 BB-8은 R2유닛을 대신해 전투기에 탑재될 것이 확실시되었다. 무엇보다도 지면을 데굴데굴 굴러가듯 움직이는 BB-8의 모습은 R2-D2처럼 사랑스러웠다. 당시에는 누구나 어차피 CG려니 생각했다. 하지만 예고편 제1탄이 공개된 지 며칠 지나지 않아 루크 스카이워커를 연기한 마크 해밀은 미디어와의 인터뷰에서 "BB-8은 실제로 제작했습니다. 그것은 실물 크기의 소도구에요. 정말로 귀여웠습니다."고 말했다. 그 때문에 전 세계의 팬들은 "실제로 움직인대!"하고 기대가 커져만 갔던 것이다. 그 와중에 BB-8이 실제로 등장했고 셀레브레이션 회장을 가를 정도로 큰 환성이 터져 나왔다. 그렇게 BB-8은 사랑스러운 캐릭터로서의 지위를 굳히게 되었다.

BB-8의 탄생 비화

BB-8의 디자인 컨셉은 감독인 J.J. 에이브럼스가 냅킨에 그린 간단한 스케치에서 시작되었다. 두 개의 동그라미로 구성된 드로이드라는 아이디어는 우연히도 스타워즈 시리즈 첫 개봉작에 관여했던 아티스트 랄프 맥쿼리가 R2-D2를 위해 생각했던 스케치에도 존재했다. 맥쿼리는 R2-D2를 디자인할 때 영화 <싸일런트 러닝>을 참고했다. 여기서 등장하는 로봇이 네모난 형태를 하고 있었기 때문에, 자신은 둥근 디자인의 로봇을 만들려고 생각했던 것이다. 결국 기술 문제로 연기자가 로봇 안에 들어가야만 했고 R2-D2는 원통형의 모습이 되었다.

감독 J.J. 에이브럼스가 구 위에 조금 작은 구가 올라가 있는 형태의 드로이드가 지면을 구르듯 이동하는 아이디어를 생각해냈다는 사실은, 그가 새로운 스타워즈의 진정한 크리에이터임을 증명한 것이다. 그리고 J.J.의 기본적인 아이디어는 루카스 필름의 컨셉 디자이너 크리스티안 알즈만에게 전해졌다. 그는 축구공 등 여러 구체의 제품을 참고하면서 최종적으로 구체 위에 반구체가 놓인 디자인을 결정했다고 한다.

그리고 종이에 그려진 디자인을 실제 소도구로 발전시키기 위해, 프로젝트는 애니매트로닉스 전문가, 닐 스캔란이 이끄는 크리처 숍으로 이행되었다. 스캔란은 우선 BB-8의 프로토 타입을 퍼펫으로 만들었다. 이를 본 J.J.는 감탄하며 디지털에 의존하지 않아도 되겠다고 확신했다. 최종적으로 BB-8은 촬영목적에 따라 여러 모델이 만들어졌다. 클로즈업을 위해 정지하거나 머리 부분을 움직일 수 있는 타입, 움직이는 타입, 배우들이 손으로 들어 올릴 수 있는 타입 등이다. 감정을 표현하는 정교한 타입은 스텝이 조종한다. 스캔란 팀은 '촬영용 소도구'로서의 BB-8과는 별도로 완전한 BB-8의 제작에도 착수했다. 영화 설정상의 움직임을 하는 퍼펫과는 다르게, 원격조종을 통해 독립된 형태로 움직이는 타입이다. 이 '완전판 BB-8'이 셀레브레이션에서 관객들을 깜짝 놀라게 한 모델이었다.

BB-8의 상품화

이렇게 완성된 BB-8은 루카스 필름 내부에서마저 극비리에 부쳐졌다. 2014년 12월 <깨어난 포스> 최초의 예고편이 공개되며 처음으로 BB-8의 존재가 알려졌는데, 루카스 필름과 ILM

의 사원들 대다수도 이 때 처음으로 그 존재를 알았다고 한다. 새로운 시대의 스타워즈를 상징하는 BB-8의 상품화는 당연한 수순이지만, 그 과정에 있어서도 디즈니는 대중들에게 놀라움을 선사했다.

젊은 실업가 이안 번스타인과 아담 윌슨에 의해 2010년 설립된 오보틱스(현재는 스피로)가 개발한 히트 상품 '스피로'는 스마트폰과 타블렛과 같은 단말기를 사용해 제어하는 세계 첫 로보틱 볼이다. 구체를 자유자재로 굴리며 게임뿐 아니라 유저의 머릿속에 떠오르는 대로 자유롭게 움직이는 새로운 시대의 엔터테인먼트 디바이스이다. 스피로는 2011년 라스베가스에서 개최된 컨슈머 일렉트로닉스 쇼에서 충격적으로 데뷔한 이후 많은 이벤트에서 갈채를 받으며 그해 말 크리스마스 시즌에 시판되어 인기를 누렸다. 2013년에는 버전20까지 출시되며 일본에서도 판매를 개시했다. 스피로 사를 창업 당시부터 서포트했던 스타트업 지원기업 텍스터즈 사는 2014년에 디즈니와 제휴하여 새로운 스타트업 프로그램 '디즈니 액셀러레이터 프로그램'을 시작했다. 전 세계의 유망 기업을 엄선하여 자금과 아이디어를 지원하는 동시에 간부급 인사들이 멘토로 도움을 주는 프로그램이다. 모두 11개 회사가 뽑혔으며 그 중 스피로사도 포함되어 있다. 스피로 사의 멘토를 맡은 사람은 디즈니의 CEO 밥 아이거였다. 아이거는 스피로 사에 BB-8을 제품화하도록 제의했다.

2015년 9월 4일 금요일, 디즈니는 '포스 프라이데이'라는 이름을 내걸고 전 세계에 <깨어난 포스> 관련 신상품을 일제히 발매하기 시작했다. 스피로 사도 BB-8을 발매했다. 스마트폰과 타블렛으로 자유자재로 움직일 수 있으며, 타블렛 상에서 홀로그램 메시지를 녹화하고 재생할 수 있었다. 제대로 된 장난감도 없이 태엽만으로 조잡하게 만들어진 '어슬렁 R2-D2'에 어린이들이 달려들었던 첫 개봉작 때와 비교하면 시대의 변화를 느낄 수밖에 없다.

디즈니가 제공하는 "영원한 생명"

1999년 12월, 전성기 디즈니의 걸작 <판타지아>(1940)를 업데이트 한 신작 <판타지아 2000>의 도쿄 프리미어가 시부야 오처드 홀에서 열렸다. 제임스 레빈이 지휘하는 오케스트라 연주와 함께 상영된 <판타지아 2000>은 그 옛날 월트 디즈니가 목표로 했던 애니메이션의 가능성을 추구하는 의욕적인 작품이었다. 상영 후에는 애프터 파티도 열렸는데, 거기에는 영화 제작자들도 참가했다. 그 자리에서 나는 한 스텝과 이야기를 나

눌 기회를 얻었다. "좋은 영화를 계속 만들어 내는 것이 나의 바람입니다." 그렇게 말을 걸어온 사람은 제작 총지휘를 담당한 로이 디즈니, 바로 그였다. 숙부 월트의 모습이 강하게 남아있는 그의 표정 역시 온화함 그 자체였는데, 동시에 일을 달성했다는 시원함이 장인의 얼굴에 남아있었다.

미키마우스를 낳은 후 장편 애니메이션 영화와 테마파크를 통해 엔터테인먼트 업계에 시대를 초월한 불멸의 시스템을 구축한 월트 디즈니와 전설의 '나인 올드맨'을 필두로 디즈니를 영광의 길로 이끈 사람들은 모두 뼛속까지 장인이었다. 월트 디즈니 사후, 길을 잃었던 월트 디즈니 컴퍼니는 1980년대 마이클 마이즈너 체제로 들어서면서 제2의 황금시대를 맞이한다. 하지만 마이즈너는 월트와는 다르게 장인이 아니라 비즈니스맨이었다. 제2의 황금시대는 실제로는 현장 장인들의 노력의 산물이었지만, 마이즈너가 현장을 무시하고 강하게 사업을 밀어붙이자 장인들은 디즈니를 이탈할 수밖에 없었다. 로이 디즈니도 마이즈너에게 실망하고 부사장 자리를 떠나고 만다. 그 후 디즈니는 2004년 주주총회에서 마이즈너에 대한 불신임안을 가결하고 후임으로 밥 아이거를 기용한다. 로이는 고문으로서 회사에 복귀한다. 픽사와 관계를 끊으려던 마이즈너의 방침을 뒤집어 픽사를 자회사로 맞아들였고, 존 래시터를 제작 총책임자로

앉힌다. 이로써 디즈니는 다시 장인들의 회사가 되었다. <라푼젤>과 <겨울왕국>의 성공이 장인들의 힘을 여실히 보여주었다.

조지 루카스도 할리우드라는 시스템을 혐오하며 장인으로서 자립을 목표로 했으며, 스카이워커 랜치*를 설립하며 작가성을 유지해왔다. 그런 루카스가 스타워즈를 디즈니에게 맡긴 것은 그의 창조물을 '장인들'의 비호 아래 더욱 발전시켜 자신이 죽은 후에도 계속되기를 바랐기 때문이리라. 오래된 스타워즈 팬들이 당황할 일이 벌어질지도 모르겠지만 말이다. 디즈니의 스타워즈는 과거의 팬이 아니라 새로운 대중을 바라보고 있기 때문이다. 그럼에도 디즈니의 스타워즈는 시대를 뛰어 넘어 여러 세대의 사랑을 받으며 '영원한 생명'을 얻을 것이다. 월트 사후에도 시대를 뛰어넘어 사랑받아 온 미키마우스처럼.

* 스카이워커 랜치는 조지 루카스가 꿈꿔온 장인들의 이상향이다. 샌프란시스코 북서쪽에 원래 목장으로 운영되던 곳을 조지 루카스가 꾸준히 매입하여 루카스 밸리를 조성했다. 여기에 '스카이워커 랜치(Skywalker Ranch)'와 '루카스 랜치(Lucas Ranch)'가 있다. 자연친화적으로 목장 기능을 유지하면서 영화 제작과정 전반을 진행하도록 구상한 장소이다.

저자소개

가와하라 가즈히사(河原一久)

1965년생. TV 디렉터, 작가.

<스타워즈> 시리즈의 일본어 자막 감수,

'스타워즈 셀레브레이션 재팬'(2008, 마쿠하리 멧세)의 감수·연출 등 스타워즈를 가까이에서 지켜 본 인물 중 한 사람.

2003년, 제2회 일본 영화 엔젤 대상 수상.

저서로 『스타워즈 에피소드3 쾌적 해설』(후타바샤),

『스타워즈 깨어난 포스 예습복습최종해설』(후소샤)

어바웃 스타워즈

ABOUT STAR WARS

어바웃

스타워즈

ABOUT STAR WARS

초판 인쇄	2018년 1월 3일
초판 발행	2018년 1월 10일
지은이	가와하라 가즈히사(河原一久)
옮긴이	권윤경
발행인	김인철
총괄 · 기획	가정준 Director, University Knowledge Press
편집장	신선호 Executive Knowledge Contents Creator
도서편집	박현정 Contents Creator
전자책편집	이리나 e-Contents Creator
재무관리	김은혜 Managing Creator
마케팅 파트장	백승이 Chief Marketing Creator
마케팅	박종원 Marketing Creator
발행처	한국외국어대학교 지식출판원 02450 서울특별시 동대문구 이문로 107 전화 02)2173-2493~7 팩스 02)2173-3363 홈페이지 http://press.hufs.ac.kr 전자우편 press@hufs.ac.kr 출판등록 제6-6호(1969. 4. 30)
디자인 · 편집	디자인퍼브 02)2254-4308
인쇄 · 제본	네오프린텍 02)718-3111

ISBN 979-11-5901-254-9 03680 정가 20,000원

*잘못된 책은 교환하여 드립니다.

HU:iNE은 한국외국어대학교 지식출판원의 어학도서, 사회과학도서, 지역학 도서 Sub Brand이다. 한국외대의 영문명인 HUFS, 현명한 국제전문가 양성(International +Intelligent)의 의미를 담고 있으며, 휴인(携引)의 뜻인 '이끌다, 끌고 나가다'라는 의미처럼 출판계를 이끄는 리더로서, 혁신의 이미지를 담고 있다.